ひとりでも学べる

フランス語

音声アプリ

中村敦子

白水社

音声アプリのご利用方法

1. パソコン・スマートフォンで音声ダウンロード用のサイトにアクセスします。
QR コード読み取りアプリを起動し、QR コードを読み取ってください。
QR コードが読み取れない方はブラウザから以下の URL にアクセスしてください。

https://audiobook.jp/exchange/hakusuisha

※ これ以外の URL からアクセスされますと、無料のダウンロードサービスをご利用いただけませんのでご注意ください。
※ URL は「www」等の文字を含めず、正確にご入力ください。

2. 表示されたページから、audiobook.jp への会員登録ページに進みます。
※ 音声のダウンロードには、audiobook.jp への会員登録（無料）が必要です。
※ 既にアカウントをお持ちの方はログインしてください。

3. 会員登録の完了後、1. のサイトに再度アクセスし、シリアルコードの入力欄に「**88692**」を入力して「送信」をクリックします。

4.「ライブラリに追加」のボタンをクリックします。

5. スマートフォンの場合は、アプリ「audiobook.jp」をインストールしてご利用ください。パソコンの場合は、「ライブラリ」から音声ファイルをダウンロードしてご利用ください。

ご注意

- 音声はパソコンでも、iPhone や Android のスマートフォンでも再生できます。
- 音声は何度でもダウンロード・再生いただくことができます。
- 書籍に表示されている URL 以外からアクセスされますと、音声ダウンロードサービスをご利用いただけません。URL の入力間違いにご注意ください。
- 音声ダウンロードについてのお問い合わせ先：info@febe.jp
（受付時間：平日の 10 ～ 20 時）

装幀・本文デザイン　森デザイン室
イラスト　ツダ タバサ
音源ナレーター　Sylvain Detay　Claire Renoul

はじめに

この本は、フランス語やフランス語圏文化に興味をもち、ひとりで勉強してみたくなった方、あるいはすでに学校などでフランス語を勉強しているけれど、いまひとつわからないという方に向けた学習参考書です。

どの外国語にも、その言語特有のむずかしさがあります。フランス語が、他の言語と比べてとくにむずかしいということはありません。美しく響くフランス語の音は、綴りと音のシンプルな規則性を身につければ、誰でも発音できるようになります。複雑そうに見える動詞の活用は、はじめに基本動詞を現在形で正しく覚えていけば、自然に綴りや音のしくみに慣れていきます。

外国語学習に意欲のある方は、コツコツと勉強していくことに抵抗はないはずです。でも時折その意欲が薄れてしまうのは、「わかってきた」「身についてきた」という実感がもてないからかもしれません。外国語が身についてきたことを実感できるのは、その言語のしくみがわかるようになると同時に、現実味のある表現を正確に発音できたときではないでしょうか。

この本は、フランス語の発音の初歩から、初級文法習得までを、やさしく丁寧に解説しています。例文には、日常生活で使われる自然な発話文を取り入れることを心がけました。キーフレーズ、活用、練習問題の解答、À vous !「あなたの番です！」はすべて音源に収録されています。フランス語のしくみを理解しながら、たっぷりの音声を繰り返し聞き、発音していけば、「わかってきた」という実感を継続してもつことができるでしょう。じっくりと続けていけば、仏検 3 級受験レベルまで到達できます。

この本が、学習意欲の高いあなたのお役に立つことを心から願っております。

2020 年 1 月　著者

目次

仏和辞典の使い方

この本では、辞書を使わず学習が進められるように、フランス語の単語、文に和訳がついています。辞書がなくても、フランス語のしくみを少しでも早く理解していただくためです。辞書を使わずに学習が進められるようになってはいても、すでに辞書をお持ちの方、初めから辞書を用いて学習を進めたいと考えている方のためにその使い方を説明しておきましょう。

> **voiture** [vwatyr ヴワテュる] (㊥ car) 名 女
> ❶ (トラック・バスを除く)**車, 自動車**, 乗用車 : conduire une ～ 車を運転する / faire de la ～ ドライブする / aller en ～

名詞　フランス語には男性名詞、女性名詞がありますが（本書 p.16）、その区別は辞書ですぐにわかります。例えば voiture は見出し語が 名 女「車」となっていますから、女性名詞です。

> **cours**[1] [kur クゥる]《► cour「中庭」と混同しないこと》(㊥ course / class) 名 男 ❶ **講義**, 授業, 講習; 講義ノート : donner 〔faire〕 un ～ 講義をする / Ne séchez pas les ～! 授業をさぼらないように / sui-

名詞の見出し語は単数のスペルです。複数を示す s（単語によっては x）をとったスペルで探しましょう。cours「授業」のように単数のスペルが s で終わるものは注意してください。この s をとって cour で調べると「中庭」です。意味が文脈に合わないとき、根気よく引き直しましょう。

> **heureux,*se*** [ørø,-øz ウる, るズ] (㊥ happy)
> — 形 ❶ **幸せな**, 幸福な : vivre ～ 〔mener une vie ～*se*〕 幸福な人生を送る / fin ～*se* ハッピーエンド; 安らかな最期 / avoir un air ～ 幸せそうな顔をしている / Bonne et ～*se* année! 新年おめでとう.
> ❷《～ de *qch* 〔de + 不定詞 /que + 接続法〕》(…で)**うれしい**, 喜んでいる : Je suis ～

形容詞　形容詞は修飾する名詞に合わせて変化します（p.27）が、**見出し語は男性単数形のスペル**です。例えば heureuses の単数のスペルがわからないとき、「**紙の辞書**」であれば heureu... 程度のスペルで見開き 2 ページの紙面を見ると、heureux, se の見出し語が目に入ってきます。heureux がこの形容詞の男性単数形、意味は「幸せな」です。電子辞書は小さな画面に映るものしか目に入りませんから、初心者には使い勝手が良くありません。*x* と *se* がイタリック体になっているのは heureu<u>x</u> の x を se に変えた heureu<u>se</u> が女性形だということです。heureuses はこれに複数の s がついた形です。

動詞　動詞には規則動詞と不規則動詞があります。規則動詞は *-er* 動詞と *-ir* 動詞の 2 種類だけですが、意味を調べるにはその活用形のしくみを学習してからでないと見出し語を見つけられません。

規則動詞（p.40, 48）は全人称に共通のスペルである**語幹**と人称によって変化する**語尾**からできています。

> **parler** ［parle パルレ］ (英 talk / speak)
> ―自動 [1] **話す**.
> ❶ **話す, しゃべる,** 口をきく： Il *parle* vite. 彼は早口だ / Cet enfant ne *parle* pas encore. この子供はまだしゃべれない / 〜 à haute voix〔à voix basse〕はっきりした声〔小声〕で話す / 〜 tout seul ひとりご

例えば je parle の意味を調べるとき、parle は見出し語にありません。活用していない**原形（不定詞）のスペル**で調べます。規則動詞なので１つの例で活用形がわかれば、他も同じように作れます。je parle なら、parl が語幹、e が主語 je の語尾です。語尾をとった語幹 parl に原形の語尾 *er* をつけた parl*er* が原形で、これが辞書の見出し語です。意味は「話す」です。

> **mets**² 動 mettre [44]
> **mettable** ［metabl］ 形（衣服が）着られる： robe démodée qui n'est plus 〜 もう着られない流行遅れのドレス.
> **metteur** ［metœr メトゥる］ 名男［成句で］
> ***metteur en*** ＋ 名詞 …する人： *metteur en* œuvre 実行者; 施工者; 利用者 / *metteur en* ondes ラジオのディレクター / *metteur en* pages 組版工 / *metteur en* scène 演出家; 映画監督《► 女性にもふつうこの形を用いる》
> **mettre** ［metr メトる］ [44]（過分 ***mis***）(英 put)
> ―他動 ❶（物をある場所に）**置く; 入れる**： 〜 une revue sur la table 雑誌をテーブルの上に置く / Où est-ce que *j'ai mis*

不規則動詞の例を見ましょう。je mets では mets の見出し語があり、動 mettre [44] とだけ書かれています。これは「動詞の原形（不定詞）が mettre で、辞書の巻末にある活用表 44 番に同じ型の活用形が掲載されている」ということです。ただし、意味は見出し語 mettre で調べます。

> **promener** ［prɔm(ə)ne プろムネ］ [8] (英 take for a walk) ―他動 ❶（子供・犬などを）**散歩させる**;（人を）案内して回る; あちこち引きずり回す： Je vais 〜 mon chien tous les matins. 私は毎朝犬の散歩に行く. ❷（物を）持ち歩く;《文》（感情を）引きずって行く： Il *promène* partout son parapluie〔sa tristesse〕. 彼はどこへでも傘を持

> **― se promener** 代動 ❶ **散歩する**; 歩き回る： Elle *s'est promenée* dans le parc. 彼女は公園を散歩した / *se* 〜 en voiture ドライブする.
> ❷（物が）動き回る,（視線などが）さまよう.

フランス語には動詞の前に se のついた代名動詞（p.98）と呼ばれるものがあります。意味を調べるとき、se から探しても見つかりません。se を除いたスペルが見出し語です。例えば se promener なら promener「散歩させる」の見出し語の中に小見出しで se promener「散歩する」があります。

フランス語の辞書を引くときのポイントがつかめれば、熟語や成句もすぐに見つかり、自立した学習者としてフランス語の力をアップさせられます。辞書がフランス語を理解し、知識を増やすためのすばらしいツールであることを忘れないでください。

綴り字の読み方

1 アルファベ（Alphabet）

001

A a [ɑ] ア	B b [be] ベ	C c [se] セ	D d [de] デ	E e [ə] ウ	F f [ɛf] エフ	G g [ʒe] ジェ
H h [aʃ] アッシュ	I i [i] イ	J j [ʒi] ジ	K k [kɑ] カ	L l [ɛl] エル	M m [ɛm] エム	N n [ɛn] エヌ
O o [o] オ	P p [pe] ペ	Q q [ky] キュ	R r [ɛːr] エーる	S s [ɛs] エス	T t [te] テ	U u [y] ユ
V v [ve] ヴェ	W w [dubləve] ドゥヴルベ	X x [iks] イックス	Y y [igrɛk] イグれック	Z z [zɛd] ゼッドゥ		

フランス語の綴りは26文字のアルファベットを用います。フランス語ではアルファベといいます。　　　　＊oとeを組み合わせた合字のœの文字もあります。

練習1　音声のあとにつづけて、アルファベを繰り返し言ってみましょう。 002

発音の注意

・フランス語では、上の表の濃いグリーンの文字が母音字、それ以外が子音字です。

・rの文字は[る]と発音します。うがいをするように、喉の奥でガラガラ震わせたら、そのまま上あごで震わせて［る］と言ってみましょう。

・この本では、rの音をひらがなで［ら］［り］［る］［れ］［ろ］、lの音を他の読み方と同じカタカナの［ラ］［リ］［ル］［レ］［ロ］で表記しています。

2 綴り字記号

003

café カフェ カフェ	アクサンテギュ		leçon レッスン ルソン	セディーユ
mère 母 メーる	アクサングラーヴ		l'école 学校 レコル	アポストロフ
tête 頭 テットゥ	アクサンシルコンフレックス		Noël クリスマス ノエル	トレマ
grand-père 祖父 グろンペーる	トレデュニオン			

★綴り字記号は読み方と関連することがほとんどですので、語についている記号はきちんとつけましょう。

3 綴り字の読み方

004

フランス語の綴り字を読むとき、「３つの読まない」規則に慣れましょう。

1. 語末の子音字は読まない。

Paris パリ（パリ）　art 芸術（アーる）　grand prix 大賞（グろン プリ）

＊ c, f, l, r は読むことがあります。

parc 公園（パるク）　chef シェフ（シェフ）　animal 動物（アニマル）　soir 晩（ソワーる）

2. 語末の e は読まない。

vie 暮らし（ヴィ）　vue 眺め（ヴュ）　Sophie ソフィ（女性の名前）（ソフィ）

3. h は読まない。

hôtel ホテル（オテル）　thé 紅茶（テ）　＊ ph は［フ］

単母音字

005

単母音字（ひとつの母音字）の読み方はアルファベと同じです。

a	i	u	e	o
ア [ɑ/a]	イ [i]	ユ [y]	ウ [ə]	オ [o/ɔ]
	y イ [i]		é è ê エ [e/ɛ]	

発音の注意

・y の文字は i［イ］と同じ読み方です。

・e の文字は［ウ］と読みますが、**é, è, ê** のようにアクサンの記号がついているときは［エ］と読みます。

練習2 単母音字に注意して、次の語を読みましょう。 006

1）**a**m**i** 友だち　2）**aé**r**o**p**o**rt 空港　3）f**e**n**ê**tre 窓　4）l**u**mi**è**re 光
5）m**e**n**u** コース定食　6）p**y**j**a**m**a** パジャマ　7）v**é**l**o** 自転車

複母音字

007

母音字が２つ、あるいは３つつづく組み合わせを**複母音字**といい、ひとつの音で発音します。

ai ei	au eau	eu œu	ou	oi
エ [ɛ][e]	オ [o][ɔ]	ウ [œ] [ø]	ウ [u]	オヮ [wa]

発音の注意

・ai はアイではなく、ei はエイではなく、どちらも［エ］と発音します。

・ou［ウ］はふつうに［ウ］ですが、eu /œu の［ウ］は口を閉じ気味にして［ウ］と発音します。

練習3 複母音字に注意して、次の語を読みましょう。 008

1）café **au** l**ai**t カフェ・オ・レ　2）j**eu**ne 若い　3）S**ei**ne セーヌ川
4）s**œu**r 姉妹　5）tabl**eau** 絵　6）t**ou**r タワー　7）v**oi**ture 車

母音字 + n, m（鼻母音）

カタカナ表記では［ン］となっていますが、鼻母音の綴り字の n, m は［ヌ］［ム］と発音せず鼻から消えていくような［ン］の音です。

練習２　1）アミ　2）アエろポーる　3）フネートゥる　4）リュミエーる　5）ムニュ
6）ピジャマ　7）ヴェロ
練習３　1）カフェオレ　2）ジューヌ　3）セーヌ　4）スーる　5）タブロー　6）トゥーる
7）ヴォワテューる

下記の綴りはすべて [ɑ̃] オン と読みます。 009

am　an　em　en

発音記号が [ɑ̃] なので辞書などではカタカナでアンと表記されていますが [オン] に近い音です。

練習4 次の単語を読みましょう。 010

1) **jam**be 脚　2) **dan**se ダンス　3) Fr**an**ce フランス　4) **en**s**em**ble 一緒に

下記の綴りはすべて [ɛ̃] アン と読みます。 011

im　in　ym　yn
aim　ain　eim　ein
um　un

母音字の数や綴りは異なりますが、どれも同じ音です。

練習5 次の単語を読みましょう。 012

1) s**im**ple 簡単な　2) v**in** ワイン　3) s**ym**bole シンボル　4) f**aim** 空腹
5) p**ain** パン　6) p**ein**ture 絵画　7) parf**um** 香水　8) l**un**di 月曜日

下記の綴りはすべて [ɔ̃] オン と読みます。 013

om　on

練習6 次の単語を読みましょう。 014

1) Jap**on** 日本　2) n**om** 名前　3) **on**cle 伯父

子音字

s は母音字に挟まれると [z] ズと発音します。 015

s ス [s]	**ss** ス [s]	母音字 + **s** + 母音字 ズ [z]	
ch シュ [ʃ]	**gn** ニュ [ɲ]		
c ク [k]	**ca** カ	**co** コ	**cu** キュ
c ス [s]	**ce** ス	**ci** スィ	**cy** スィ
ç ス [s]	**ça** サ	**ço** ソ	**çu** スュ

c は次にくる母音の音によってク [k] またはス [s] と発音します。

c の文字にセディーユがつくと [s] スの音になります。

練習4　1) ジョンブ　2) ドンス　3) フろンス　4) オンソンブル
練習5　1) サンプル　2) ヴァン　3) サンボル　4) ファン　5) パン　6) パンテューる
7) パるファン　8) ランディ
練習6　1) ジャポン　2) ノン　3) オンクル

g は次にくる母音の音によってグ［g］またはジュ［ʒ］と発音します。

g グ［g］	ga ガ	go ゴ	gu ギュ
	gue グ	gui ギ	
g ジュ［ʒ］	ge ジュ	gi ジ	gy ジ
	geo ジョ		
qu ク［k］	que ク	qui キ	

016

練習7 次の単語を読みましょう。 017

1）**cu**lture 文化　2）**ci**néma 映画・映画館　3）**ca**deau プレゼント　4）**ch**at 猫
5）**ga**rçon 少年　6）ba**gage** 荷物　7）**s**ai**s**on 季節　8）monta**gn**e 山

4 文の読み方

フランス語では単語と単語を切らずにつづけて読むことがあります。次の３つの読み方のしくみに慣れましょう。

リエゾン

018

発音しない語末の子音字-d, -n, -s, -t, -x, -z は、次に母音ではじまる語がくると、それぞれ d と t は［トゥ］、n は［ヌ］、s, x, z は［ズ］の音を出して次の母音とひとつの音で発音します。

u**n** **hô**tel　アン<u>ノ</u>テル［ɛ̃<u>no</u>tɛl］
le**s** **a**mis　レ<u>ザ</u>ミ［le<u>za</u>mi］
C'es**t** **u**n sac.　セッ<u>タ</u>ン サック［sɛ<u>tɛ̃</u>sak］

アンシェヌマン

019

発音する語末の子音は、次の語の母音とひとつの音で発音します。

u**n**e **é**cole　ユ<u>ネ</u>コル［y<u>ne</u>kɔl］
i**l** **e**st　イ<u>レ</u>［<u>ilɛ</u>］
e**ll**e **ha**bite　エ<u>ラ</u>ビットゥ［ɛ<u>la</u>bit］

エリジヨン

020

je, ne, le, la, de, ce, que, me, te, se は、次にくる語が母音ではじまるとき、e, a を省略してアポストロフで示し、次の母音とひとつの音で発音します。

le avion → **l'a**vion 飛行機　<u>ラ</u>ヴィヨン［<u>la</u>vjɔ̃］
la école → **l'é**cole 学校　<u>レ</u>コル［<u>le</u>kɔl］

練習７　1）キュルテューる　2）スィネマ　3）カドー　4）シャ　5）ギャるソン　6）バガージュ　7）セゾン　8）モンターニュ

je ai → **j'ai** 私は持っている　　ce est → **c'est** これは〜です
ジェ [ʒe]　　セ [sɛ]

★ si は il, ils のときだけエリジヨンして s'il, s'ils となります。他の母音字ではそのままです。si elle, si elles. si on

練習8 リエゾン、アンシェヌマン、エリジヨンの例を発音して、音に慣れましょう。 021

1) un hôtel　2) les amis　3) C'est un sac.　4) une école　5) il est
6) elle habite　7) l'avion　8) l'école　9) j'ai　10) c'est

À vous! あいさつをして、名前を伝えましょう。 022

Thomas : Bonjour. Je m'appelle Thomas DUMONT. Et vous ?
ボンジューる　ジュ　マペル　トマ　デュモン　エ　ヴ

Saki : Bonjour. Moi, je m'appelle Saki KATO.
ボンジューる　モワ　ジュ　マペル　サキ　カトー

Thomas : Enchanté.
オンションテ

Saki : Enchantée.
オンションテ

トマ：こんにちは。トマ・デュモンといいます。あなたは？
サキ：こんにちは。私は、サキ・カトウといいます。
トマ：よろしく。
サキ：よろしく。

フランス語のあいさつ

023

Bonjour, madame. （女性に）こんにちは、マダム
ボンジューる　マダム

Bonjour, monsieur*. （男性に）こんにちは、ムッシュー　＊発音注意
ボンジューる　ムッシュー

Bonsoir. こんばんは。
ボンソワーる

Au revoir. さようなら。
オー るヴォワーる

À bientôt. また近いうちに
ア　ビヤント

Salut. やあ。
サリュ

À demain. また明日。
ア　ドゥマン

Merci. ありがとう。
メるスィ

練習８　1) アンノテル　2) レザミ　3) セッタンサック　4) ユネコル　5) イレ
6) エラビットゥ　7) ラヴィヨン　8) レコル　9) ジェ　10) セ

Leçon 1

Voilà une tour.
ヴォワラ　ユヌ　トゥーる

– C'est la tour Eiffel.
セ　ラ　トゥーれッフェル

ほら、タワーがありますよ。
ーあれはエッフェル塔です。

この課でできるようになること

身近なものを提示する　0～20 までの数字がわかる
名詞の性と数　不定冠詞　定冠詞

1 名詞の性と数

フランス語の名詞は**男性名詞**と**女性名詞**に区別されています。数える名詞の場合は、単数、複数の区別をします。

「少年」「少女」のように、もともと性別をもっている名詞は、その性にしたがって男性名詞、女性名詞の区別をします。

男性名詞	homme 男性 オム	garçon 少年 ギャるソン	père 父 ペーる
女性名詞	femme 女性 ファム	fille 少女 フィーユ	mère 母 メーる

発音の注意

・femme［ファム］は特殊な読み方ですからこのまま覚えましょう。
・fille の -ill は［イーユ］と読みます。

もともと性別のない名詞も、フランス語では**男性名詞**と**女性名詞**に区別されています。

026

男性名詞	sac カバン サック	vélo 自転車 ヴェロ	hôtel ホテル オテル
女性名詞	valise スーツケース ヴァリーズ	voiture 自動車 ヴォワテューる	école 学校 エコール

発音の注意

・**h は発音しません**から hôtel は母音の音から読み［オテル］と発音します。この h を**無音の h** と呼び、**母音字ではじまる語**として扱います。h は常に発音しませんが、文法上、子音字 h ではじまる語として扱うものがあり（例：héros［エろ］英雄）、これを**有音の h**（辞書の見出し語に†の印がついているもの）と呼びます。

名詞の複数形は単数形に s をつけます。**この s は発音しません**。

sac［サック］　　sacs［サック］

複数を表す s をつけても名詞の音は同じですから、名詞の音だけでは単数 / 複数の判断ができません。フランス語では、**男性名詞と女性名詞の区別**、**単数名詞と複数名詞の違いを冠詞で判断**します。名詞につける**冠詞**が重要なのはこのためです。

＊男性名詞は男、女性名詞は女、単数名詞は単、複数名詞は複の印を用います。

2 不定冠詞

不定冠詞は、英語の a, an にあたります。フランス語ではあとにつづく名詞の**性**と**数**によって 3 つの形があります。単数の男性名詞には **un**［アン］を、単数の女性名詞には **une**［ユヌ］を使います。また複数の場合は、男性名詞にも女性名詞にも **des**［デ］を使います。不定冠詞の音が des［デ］と聞こえたら、その名詞は複数です。

027

un アン	男性名詞単数	**un** sac アン サック	**un** hôtel アンノテル
une ユヌ	女性名詞単数	**une** valise ユヌ ヴァリーズ	**une** école ユネコル
des デ	男性・女性名詞複数	**des** sacs デ サック **des** valises デ ヴァリーズ	**des** hôtels デゾテル **des** écoles デゼコール

発音の注意

・un［アン］と des［デ］の語末の n, s は発音しません。ただし、つづく名詞が母音または無音の h ではじまるとき、それぞれ n［ヌ］、s［ズ］の音を出して次の母音と、ひとつの音で発音します。リエゾン（p.14 参照）です。

un hôtel［アンノテル］　des hôtels［デゾテル］　des écoles［デゼコル］

・une［ユヌ］は次の名詞が母音または無音の h ではじまるとき、発音する語末の n［ヌ］と次の母音を、ひとつの音で発音します。アンシェヌマン（p.14 参照）です。

une école［ユネコル］　une histoire［ユニストワーる］話・歴史

【用法】 028

特定されていない 1 つまたは複数のものを表す。

Voici **un** sac.　ここにカバンがあります。
ヴォワスィ　アン　サック

★ 誰のかわからない（＝特定されていない）カバンなので不定冠詞。

Voilà **une** gare.　ほら、あそこに駅がある。
ヴォワラ　ユヌ　ガーる

★ 名前のわからないひとつの駅なので不定冠詞。

提示表現①

〈 voici / voilà + 単数名詞・複数名詞 〉：ここ / あそこ / そこに〜がある / いる
ヴォワスィ　ヴォワラ

：ほら、〜です

Il y a **des** garçons là-bas.　あそこに少年たちがいます。
イリヤ　デ　ギャるソン　ラバ

★ 誰だかわからない複数の少年なので不定冠詞。

提示表現②

〈 il y a + 単数名詞・複数名詞 〉：〜がある、〜がいる
イリヤ

名詞は不定冠詞単数形をつけて覚えましょう。男性名詞、女性名詞の区別が自然に身につきます。　ここがポイント！

練習1 名詞に不定冠詞をつけて発音しましょう。音声を聞いて、読み方を確認しましょう。 029

1) …………	frère 兄弟	2) …………	sœur 姉妹
3) …………	garçon 少年	4) …………	fille 少女
5) …………	homme 男性	6) …………	femme 女性
7) …………	hommes	8) …………	femmes
9) …………	avion 男 飛行機	10) …………	voiture 女 車

3 定冠詞

定冠詞は英語の the にあたります。フランス語ではあとにつづく名詞の性と数、語頭の母音 / 子音によって 4 つの形を使い分けます。男性名詞単数には le ［ル］、女性名詞単数には la ［ラ］を用いますが、どちらも語頭が母音または無音の h のとき l'［ル］になります。複数名詞には男性名詞、女性名詞どちらも les ［レ］を用います。

030

le ル	男性名詞単数	**le** sac ル サック
l'	母音または無音の h ではじまる男性名詞単数	**l'**hôtel ロテル
la ラ	女性名詞単数	**la** valise ラ ヴァリーズ
l'	母音または無音の h ではじまる女性名詞単数	**l'**école レコル
les レ	男性・女性名詞複数	**les** sacs レ サック　**les** hôtels レゾテル **les** valises レ ヴァリーズ　**les** écoles レゼコル

練習 1　1) un frère ［アン フれーる］　2) une sœur ［ユヌ スーる］　3) un garçon ［アン ギャるソン］
4) une fille ［ユヌ フィーユ］　5) un homme ［アンノム］　6) une femme ［ユヌ ファム］
7) des hommes ［デゾム］　8) des femmes ［デ ファム］　9) un avion ［アンナヴィヨン］
10) une voiture ［ユヌ ヴォワテューる］

発音の注意

・定冠詞 **le**［ル］と **la**［ラ］は次の名詞が母音または無音の **h** ではじまるとき **e, a** を省略してアポストロフで示し **l'**［ル］にします。**l'** は次の母音とひとつの音で発音します。エリジヨン (p.14 参照) です。

~~le hôtel~~ → **l'hô**tel［ロテル］　~~la école~~ → **l'é**cole［レコル］

＊有音の h ではじまる語（子音字扱い）はエリジヨンしません。le héros［ル エろ］

・**les**［レ］は des と同じくリエゾンします。語尾の s は［ズ］の音を出して、次の母音と、ひとつの音で発音します。

les **hô**tels［レゾテル］　les **é**coles［レゼコル］

【用法】

031

1．特定された 1 つまたは複数のものを表す。

Il y a un dictionnaire.　辞書がありますね。
イリヤ　アン　ディクスィヨネーる

– C'est **le** dictionnaire de Cécile.　それはセシルの辞書です。
セ　ル　ディクスィヨネーる　ドゥ　セシル

★最初の文ではある 1 冊の辞書（＝特定されていない）があるので不定冠詞。2 つめの文では特定されてセシルの辞書なので定冠詞。

Il y a des garçons là-bas.　あそこに少年たちがいますね。
イリヤ　デ　ギャるソン　ラ　バ

– Ce sont **les** frères de Pierre.　あちらはピエールの兄弟です。
ス　ソン　レ　フれーる　ドゥ　ピエーる

★最初の文では、少年が誰だかわからない（= 特定されていない）ので不定冠詞。2 つめの文では特定されてピエールの兄弟なので定冠詞。

提示表現③

〈 c'est + 単数名詞 〉：これ / あれ / それは～です
セ

〈 ce sont + 複数名詞 〉：これら / あれら / それらは～です
ス ソン

2．唯一のものを表す。

Voilà une tour.　ほら、タワーがありますよ。
ヴォワラ　ユヌ　トゥーる

– C'est **la** tour Eiffel.　あれはエッフェル塔です。
セ　ラ　トゥーれッフェル

★最初の文では、名前のわからない (= 特定されない) ひとつのタワーなので不定冠詞。2 つめの文ではひとつしかないエッフェル塔なので定冠詞。

★ tour［トゥーる］の子音の音 r［る］と Eiffel の母音の音 ei［エ］をひとつの音［れ］で発音する（アンシェヌマン）。

練習2 名詞に定冠詞をつけて発音しましょう。音声を聞いて、読み方を確認しましょう。 032

1）........ frère　　2）........ sœur
3）........ père　　4）........ mère
5）........ hommes　　6）........ femmes
7）........ hôtel　　8）........ montre 女 腕時計
9）........ maison 女 家　　10）........ appartement 男 マンション

練習3 名詞に不定冠詞または定冠詞をつけて文を発音しましょう。 033

1）Il y a .... bagages 男 複．荷物があります。
– Ce sont .... bagages de Marie. マリの荷物です。
2）Voilà .... église. あそこに教会があります。
– C'est .... église Saint-Sulpice. サン＝シュルピス教会です。
3）Voici .... musée 男 d'Orsay. ほら、オルセー美術館です。
4）Il y a .... pont 男．橋があります。
– C'est .... Pont Neuf. ポン＝ヌッフです。
5）Il y a .... fleuve 男．川があります。
– C'est .... Seine 女．セーヌ川です。
6）Voilà .... gare. あそこに駅があります。
– C'est .... gare Montparnasse. モンパルナス駅です。

練習2　1）le frère［ル フれーる］　2）la sœur［ラ スーる］　3）le père［ル ペーる］
4）la mère［ラ メーる］　5）les hommes［レゾム］　6）les femmes［レ ファム］
7）l'hôtel［ロテル］　8）la montre［ラ モントゥる］　9）la maison［ラ メゾン］
10）l'appartement［ラパるトゥモン］
練習3　1）des, les［イリヤ デバガージュ］［スソン レバガージュ ドゥ マリ］
2）une, l'［ヴォワラ ユネグリーズ］［セ レグリーズ サンシュルピス］
3）le［ヴォワシ ルミュゼドるセ］　4）un, le［イリヤ アンポン］［セ ルポンヌッフ］
5）un, la［イリヤ アンフルーヴ］［セ ラセーヌ］
6）une, la［ヴォワラ ユヌガーる］［セ ラガーるモンパるナス］

数詞（0～20）

034

0 zéro ゼロ				
1 un/une アン　ユンヌ	2 deux ドゥ	3 trois トゥろワ	4 quatre カトる	5 cinq サンク
6 six スィス	7 sept セットゥ	8 huit ユイットゥ	9 neuf ヌッフ	10 dix ディス
11 onze オンズ	12 douze ドゥーズ	13 treize トゥれーズ	14 quatorze カトるズ	15 quinze キャーンズ
16 seize セーズ	17 dix-sept ディセットゥ	18 dix-huit ディズユイットゥ	19 dix-neuf ディズヌッフ	20 vingt ヴァン

年齢「～歳」、年「～年」は〈数詞＋**an(s)**〉で表します。リエゾン、アンシェヌマンに注意しましょう。

035

un an アノン	deux ans ドゥゾン	trois ans トゥろワゾン	quatre ans カトゥろン	cinq ans サンコン
six ans スィゾン	sept ans セットン	huit ans ユイットン	neuf ans* ヌヴォン	dix ans ディゾン
onze ans オンゾン	douze ans ドゥーゾン	treize ans トゥれーゾン	quatorze ans カトるゾン	quinze ans キャンゾン
seize ans セーゾン	dix-sept ans ディセットン	dix-huit ans ディズユイットン	dix-neuf ans* ディズヌヴォン	vingt ans ヴァントン

* neuf は ans（と時刻 heures p.97）の前では f を［ヴ］の音で次の ans［オン］とひとつの音で発音します。［ヌヴォン］［ディズヌヴォン］

ユーロ表記の値段も、リエゾン、アンシェヌマンに注意しましょう。

036

un euro アヌろ	deux euros ドゥズろ	trois euros トゥろワズろ	quatre euros カトゥるろ	cinq euros サンクろ
six euros スィズろ	sept euros セットゥろ	huit euros ユイトゥろ	neuf euros* ヌッフウろ	dix euros ディズろ

* neuf は ans と heures 以外の語の前では［ヌッフ］と発音します。neuf euros は［ヌッフウろ］。

À vous! パリの地図に見えるものを伝えましょう。 037

地図にあるものを指すときに、là「そこ」を使ってみましょう。たとえば、エッフェル塔を指して、**Là, c'est la tour Eiffel.**「そこ、それはエッフェル塔です」となります。

1)「セーヌ川」la Seine を指して。
2)「ポン=ヌッフ」le Pont Neuf を指して。
3)「オルセー美術館」le musée d'Orsay を指して。
4)「モンパルナス駅」la gare Montparnasse を指して。
5)「サン=シュルピス教会」l'église Sanit-Sulpice を指して。

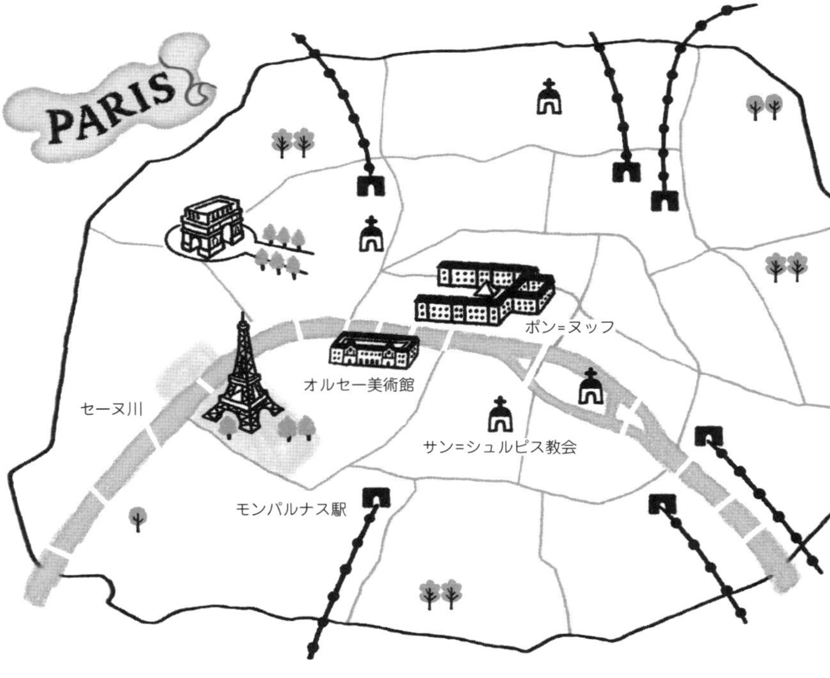

À vous！ 1) Là, c'est la Seine. [ラ セラセーヌ]
2) Là, c'est le Pont Neuf. [ラ セルポンヌッフ]
3) Là, c'est le musée d ' Orsay. [ラ セルミュゼドるセ]
4) Là, c'est la gare Montparnasse. [ラ セラガーるモンパるナス]
5) Là, c'est l'église Saint-Sulpice. [ラ セレグリーズ サンシュルピス]

Leçon 2

C'est un étudiant français.
セタンネテュディヨン　フろンセ

Il est gentil.
イレ　ジョンティ

フランス人の学生です。
彼は親切です。

この課でできるようになること

人やものの特徴を伝える

動詞の活用と主語人称代名詞　être の直説法現在　形容詞と性・数一致

1 動詞の活用と主語人称代名詞

フランス語の動詞は、英語の be 動詞のように主語に合わせて形が変化します。これを活用と呼びます。フランス語の動詞は次の 8 つの主語人称代名詞に合わせて活用します。

je だけがエリジヨンします（p.14 参照）。

je (j') ジュ	私は	**nous** ヌ	私たちは
tu テュ	君は	**vous** ヴ	あなた（方）は / 君たちは
il イル	彼は / それは	**ils** イル	彼らは / それらは
elle エル	彼女は / それは	**elles** エル	彼女らは / それらは

tu の使い方

お互いによく知っていたり、仲間や家族など親しい相手 1 人には tu を主語にして話します。日本語の「君は」「お前は」「あなたは」など、どれも tu に対応しますが、辞書や参考書では「君は」の表記になっています。

vous の使い方

初めて話す人、知っていてもとくに親しいわけではない相手 1 人には vous「あなたは」を主語に用います。

複数の vous

相手が 1 人のときは、tu または vous を用いますが、複数の相手には **vous**「君たちは」「お前たちは」「あなた方は」を使います。

il, elle, ils, elles の使い方

「人」にも「もの」にも使います。使い分けのポイントは名詞の性・数に合わせることです。

il	彼は	：1 人の男性	それは	：男性名詞単数のもの
elle	彼女は	：1 人の女性	それは	：女性名詞単数のもの
ils	彼らは	：複数の男性または男女混合の複数		
	それらは	：男性名詞複数または男性名詞と女性名詞が混合しているもの		
elles	彼女たちは	：複数の女性	それらは	：女性名詞複数のもの

2 être の直説法現在

直説法というのは事実を伝える動詞の形です。現在の行為、事柄、状態を伝える動詞の活用形を直説法現在と呼びます。

être は英語の be 動詞に近い動詞で「〜である」「〜にいる」の意味で用います。8 つの主語人称代名詞に合わせて次のように活用します。

ここがポイント！

★動詞の活用形は必ず主語人称代名詞につづけた音で覚えます。

040

être（〜である、〜にいる）
エートる

je suis (ジュ スゥイ)	私は〜です	**nous sommes** (ヌ ソム)	私たちは〜です
tu es (テュ エ)	君は〜です	**vous êtes** (ヴゼットゥ)	あなた（方）は / 君たちは〜です
il est (イレ)	彼は / それは〜です	**ils sont** (イル ソン)	彼らは / それらは〜です
elle est (エレ)	彼女は / それは〜です	**elles sont** (エル ソン)	彼女らは / それらは〜です

発音の注意

・il est は［イル］［エ］ではありません。il の語末の l［ル］と次の est［エ］はひとつの音［レ］で発音します（アンシェヌマン）から、**il est** は［イレ］です。
・同じく **elle est** は［エル］［エ］ではなく、［エレ］と発音します。
・vous êtes は［ヴ］［エットゥ］ではなく、vous の読まない語末の s を［ズ］と発音して次の母音［エ］とひとつの音で発音します（リエゾン）から、**vous êtes**［ヴゼットゥ］です。

動詞 **être** は次のように、職業や身分、いる場所を伝えます。
★英語と違い、身分や職業を表す名詞に冠詞をつけません。

041

Je **suis** étudiant. ぼくは学生です。
ジュ スゥイ エテュディヨン

Je **suis** étudiante. 私（女）は学生です。
ジュ スゥイ エテュディヨントゥ

Je **suis** salarié. 私は勤め人です。
ジュ スゥイ サラリエ

Je **suis** salariée. 私（女）は勤め人です。
ジュ スゥイ サラリエ

Thomas **est** médecin. トマは医者です。
トマ エ メドゥサン

Sophie **est** professeure. ソフィは先生です。
ソフィ エ プロフェッスゥーる

Nous **sommes** à* Paris. 私たちはパリにいます。　＊ à :（場所を示して）〜に
ヌ ソム ア パリ

Ils **sont** dans* un parc. 彼らは公園にいます。　＊ dans : 〜の中に
イル ソン ドンザン パるク

練習1 主語につづけて、動詞 être の活用形を言ってみましょう。次に活用形を下線部に書きましょう。

042

1) je ……………………　2) tu ……………………
3) il ……………………　4) elle ……………………
5) nous ……………………　6) vous ……………………
7) ils ……………………　8) elles ……………………
9) Sophie ……………………　10) Pierre et Thomas ……………………

練習 1　1) je suis　2) tu es　3) il est　4) elle est　5) nous sommes　6) vous êtes　7) ils sont　8) elles sont　9) Sophie est ＊ソフィは女性なので elle「彼女は」の活用形　10) Pierre et Thomas sont ＊男性 2 人は ils「彼らは」の活用形

3 形容詞の性・数一致と位置

形容詞は修飾する主語の性（男性・女性）と数（単数・複数）、修飾する名詞の性と数に合わせた形にします。

辞書の見出し語となる形容詞は男性単数の形です。この形が基本になり、**e をつけて女性形に**、**s をつけて複数形** にします。

主語を修飾する形容詞

形容詞 content「うれしい」を例に一致のしくみを見てみましょう。

★ 女性の主語に合わせるときは e をつけます。
★ 複数の主語に合わせるときは s をつけます。
★ 男女混合では女性形にする e は必要ありません。

je suis content(e) ジュ スゥイ コントン（コントントゥ）	nous sommes content(e)s ヌ ソム コントン（コントントゥ）
tu es content(e) テュ エ コントン（コントントゥ）	vous êtes content(e)(s) ヴゼットゥ コントン（コントントゥ）
il est content イレ コントン	ils sont contents イル ソン コントン
elle est contente エレ コントントゥ	elles sont contentes エル ソン コントントゥ

発音の注意

・content は語末の t を発音しませんから［コントン］の音です。

・女性形 contente は e をつけても、語末の e は発音しません。e をつけることで e の前の t は語末の子音字ではなくなるため t が［トゥ］と発音され、contente は［コントントゥ］の音になります。

・複数形につける s は発音しません（p.17 参照）。

043

Je suis **content.**　ぼくはうれしい。
Je suis **contente.**　←「私は」が女性のときは e をつける
Tu es **content.**
Tu es **contente.**　←「君は」が女性のときは e をつける
Il est **content.**
Elle est **contente.**　←「彼女は」なので e をつける

Nous sommes content**s**. ←「私たちは」は複数なので s をつける
Nous sommes content**es**. ←「私たちは」が女性だけのときは e と s をつける
Vous êtes content. ←「あなたは」が男性 1 人のときは何もつけない
Vous êtes content**e**. ←「あなたは」が女性 1 人のときは e をつける
Vous êtes content**s**.
↑「あなた方は」が男性だけ、または男女混合のときは複数の s だけをつける
Vous êtes content**es**. ←「あなた方は」が女性だけのときは e と s をつける
Ils sont content**s**.
↑「彼らは」は男性複数なので s をつける。男女混合のときも s だけをつける
Elles sont content**es**. ←「彼女たちは」は女性複数なので e と s をつける

練習2 形容詞 grand（背が高い）を指示された主語に一致する形で書きましょう。次にそれぞれの文を発音しましょう。 044

1) Je suis .... 男
2) Tu es .... 女
3) Vous êtes .... 男 単
4) Vous êtes .... 女 単
5) Il est ....
6) Elle est ....
7) Nous sommes .... 女 複
8) Vous êtes .... 男 複
9) Sophie et Marie sont ....
10) Ils sont ....

名詞を修飾する形容詞の位置と形

フランス語の**形容詞は名詞のあと**に置くのが原則です。

★とくに国籍や色の形容詞のとき、英語と違いますから注意しましょう。

日本人の学生	un étudiant **japonais**	a japanese student
黒猫	un chat **noir**	a black cat

形容詞は名詞を修飾するとき、**名詞の性（男性・女性）と数（単数・複数）に一致した形**にします。

練習 2　1) Je suis grand. [ジュ スゥイ グろン]　2) Tu es grande. [テュ エ グろンドゥ]
3) Vous êtes grand. [ヴゼットゥ グろン]　4) Vous êtes grande. [ヴゼットゥ グろンドゥ]
5) Il est grand. [イレ グろン]　6) Elle est grande. [エレ グろンドゥ]
7) Nous sommes grandes. [ヌ ソム グろンドゥ]　8) Vous êtes grands. [ヴゼットゥ グろン]
9) Sophie et Marie sont grandes. [ソフィ エ マリ ソン グろンドゥ]
10) Ils sont grands. [イル ソン グろン]

un film **intéressant** 男 単　おもしろい映画　←男性名詞単数なのでそのまま 045
アン　フィルム　アンテれッソン

des films **intéressants** 男 複　←男性名詞複数なので s をつける
デ　フィルム　アンテれッソン

une histoire **intéressante** 女 単　おもしろい話 ←女性名詞単数なので e をつける
ユニストワーる　アンテれッソントゥ

des histoires **intéressantes** 女 複　←女性名詞複数なので e と s をつける
デジストワーる　アンテれッソントゥ

un sac **rouge**　赤いバッグ
アン　サック　るージュ

une robe **rouge**　赤いドレス
ユヌ　ろブ　るージュ

un film **français**　フランス映画
アン　フィルム　フろンセ

des films **français**　フランス映画（複数）
デ　フィルム　フろンセ

★ e の綴りで終わる形容詞には女性形の e をつけません。
★ s の綴りで終わる形容詞には複数形の s をつけません。

名詞の前に置かれる形容詞

beau［ボー］（美しい）、**bon**［ボン］（よい、おいしい）、**joli**［ジョリ］（きれいな）、**petit**［プティ］（小さい）、**grand**［グろン］（大きい）などは名詞の前におきます。

un **bon** restaurant　おいしいレストラン
アン　ボン　れストろン

une **petite** chambre　小さな部屋
ユヌ　プティットゥ　ションブる

〈形容詞＋名詞〉の語順では不定冠詞の des は **de**［ドゥ］にします。

de (~~des~~) bons restaurants

特殊な女性形の形容詞

046

男性形		女性形		
heur**eux** ウーるー	→	heur**euse** ウーるーズ	幸福な	-eux → -euse
lég**er** レジェ	→	lég**ère** レジェーる	軽い	-er → -ère
acti**f** アクティフ	→	acti**ve** アクティーヴ	活発な	-f → -ve
bon ボン	→	bon**ne** ボンヌ	よい、おいしい	語末の子音字を重ねて e をつける
gentil ジョンティ	→	genti**lle** ジョンティーユ	親切な	gentil は発音に注意［ジョンティ~~ル~~］
jeune ジュンヌ	→	jeune ジュンヌ	若い	e で終わるときは e をつけない

long ロン	→	longue ロング	長い
blanc ブロン	→	blanche ブロンシュ	白い
doux ドゥー	→	douce ドゥース	優しい

練習3 ［　　］の形容詞の正しい形を書き、発音しましょう。 047

1) une voiture .... ［japonais］ 日本車

2) des cheveux 男* .... ［long］ 長い髪

＊単数形が eu で終わるとき複数形は s ではなく x をつける

3) une .... sœur ［petit］ 妹　4) un .... frère ［grand］ 兄

5) un .... homme ［jeune］ 若い男性

6) une .... femme ［jeune］ 若い女性

男性第２形をもつ形容詞

048

beau ボー	男性名詞単数	un **beau** château 美しい城 アン ボー シャトー
bel ベル	母音または 無音の h ではじまる 男性名詞単数	un **bel** arbre 美しい木 アン ベラるブる un **bel** hôtel 素敵なホテル アン ベロテル
belle ベル	女性名詞単数	une **belle** maison 美しい家 ユヌ ベル メゾン

beau「美しい」は、すでに見たように名詞の前に置く形容詞です。beau［ボー］の［オ］の次に ~~beau~~ arbre「美しい木」のように母音で始まる男性名詞単数がくると［オ］と［ア］の母音がつづき、発音しづらくなります。そのため、母音または無音の h ではじまる男性名詞単数の前では beau ではなく**男性第２形**の **bel** を用います。bel arbre は l と a をひとつの音で［ベラるブる］と発音します。

女性形 **belle**［ベル］は、この男性第２形の l を重ねて e をつけた形です。

練習３　1) une voiture japonaise［ユヌ ヴォワテューる ジャポネーズ］
2) des cheveux longs［デ シュヴー ロン］　3) une petite sœur［ユヌ プティトゥ スゥーる］
4) un grand frère［アン グろン フれーる］　5) un jeune homme［アン ジュノム］
6) une jeune femme［ユヌ ジュヌ ファム］

練習4 beau の正しい形を書き、発音しましょう。 049

1）un .... tableau 美しい絵　　2）un .... oiseau 美しい鳥

3）un .... homme 美男子　　4）une .... couleur 美しい色

5）une .... chanson 美しい歌　　6）un .... jardin 美しい庭園

À vous! イラストにある人やものを紹介しましょう。 050

例）若い男性です。彼はハンサムです。

C'est un jeune homme. Il est beau.

セタン　ジュノム　イレ　ボー

1）若い女性です。彼女は美しい。　　2）日本人の男子学生です。彼は親切です。

3）フランス人の女子学生です。彼女は親切です。　　4）日本の車です。それは素敵です。

練習 4　1) un beau tableau [アン ボー タブロー]　2) un bel oiseau [アン ベロワゾ]
3) un bel homme [アン ベロム]　4) une belle couleur [ユヌ ベルクルーる]
5) une belle chanson [ユヌ ベル ションソン]　6) un beau jardin [アン ボー ジャるダン]

À vous！　1) C'est une jeune femme. [セテュヌ ジュヌ ファム]　Elle est belle. [エレ ベル]
2) C'est un étudiant japonais. [セタンネテュディヨン ジャポネ]　Il est gentil. [イレ ジョンティ]
3) C'est une étudiante française. [セテュネテュディヨントゥ フろンセーズ]　Elle est gentille. [エレ ジョンティーユ]
4) C'est une voiture japonaise. [セテュヌ ヴォワテューる ジャポネーズ] Elle est belle. [エレ ベル] ＊ voiture は女性名詞なので「それは」は elle を用いる。

Leçon 3

Désolée, nous n'avons plus de croissants.
– Ah, je n'ai pas de chance !

デゾレ ヌ ナヴォン プリュ ドゥ クろワッソン
アー ジュ ネ パ ドゥ ションス

051

申し訳ありません、クロワッサンはもうありません。
ー ああ、ついてないな！

この課でできるようになること

持っているもの、欲しいものを伝える　自己紹介をする（1）

avoir の直説法現在　vouloir の直説法現在　部分冠詞
否定文　否定の冠詞 de

1 avoir の直説法現在

動詞 avoir は英語の have に近い動詞で、「～を持っている」が基本の意味です。主語に合わせて次のように活用します。

052

avoir（～を持っている）アヴォワーる	
j'ai ジェ	**nous avons** ヌザヴォン
tu as テュ ア	**vous avez** ヴザヴェ
il a イラ	**ils ont** イルゾン
elle a エラ	**elles ont** エルゾン

発音の注意

・主語 **je** は２課の主語人称代名詞で見たようにエリジヨン（p.24 参照）します。次にくる活用形が母音または無音の h ではじまるとき、e をとってアポストロフで表し j' とします。avoir の活用形 ai［エ］の前でエリジヨンして **j'ai**［ジェ］と発音します。
・主語 il / elle の l は次の母音とアンシェヌマン（p.14 参照）します。**il a** は［イル］［ア］ではなく［イラ］、**elle a** は［エル］［ア］ではなく［エラ］の音になります。
・主語 nous［ヌ］、vous［ヴ］、ils［イル］、elles［エル］の語末の s は、次にくる語が母音ではじまるとき［ズ］の音を出してリエゾン（p.14 参照）します。**nous avons** は［ヌ］［アヴォン］ではなく［ヌザヴォン］、**vous avez**［ヴザヴェ］、**ils ont**［イルゾン］、**elles ont**［エルゾン］の音です。

avoir の使い方

053

〈 avoir + 名詞 〉：〜を持っている

J'**ai** un chien.　私は犬を飼っています。
ジェ　アン　シャン

Thomas et Cécile **ont** des enfants.　トマとセシルには子供がいます。
トマ　エ　セシル　オン　デゾンフォン

〈 avoir + 名詞 〉：（身体の特徴を表して）〜である

Elle **a** les cheveux longs.　彼女は長い髪の毛をしている。
エラ　レ　シュヴー　ロン

ここがポイント！
★名詞には冠詞を忘れないこと。
★形容詞の性・数一致を忘れないこと。
★彼女の髪の毛を指している（特定されている）ので定冠詞を用います。

avoir を使った表現（１）

054

avoir faim	空腹である	J'**ai faim**.（ジェ ファン）	私はお腹がすきました。
avoir soif	喉が渇く	Il **a soif**.（イラ ソワッフ）	彼は喉が渇いています。
avoir chaud	暑い	Nous **avons chaud**.（ヌザヴォン ショ）	私たちは暑い。
avoir froid	寒い	Elles **ont froid**.（エルゾン フロワ）	彼女たちは寒い。

練習1 単語を正しく並べて文を完成しましょう（文頭は大文字にします）。055

1) chat / avons / nous / noir / un　　私たちは黒猫を飼っています。

2) les / Émilie / bleus / a / yeux　　エミリは青い目をしています。

3) sœur / une / ai / j' / grande　　私には姉がひとりいます。

4) cheveux / a / Clio / courts / les　　クリオはショートカットです。

5) un / chien / ils / petit / ont　　彼らは子犬を飼っています。

2 vouloir の直説法現在

056

vouloir（～が欲しい）
ヴロワーる

je veux ジュ ヴ	**nous voulons** ヌ ヴロン
tu veux テュ ヴ	**vous voulez** ヴ ヴレ
il veut イル ヴ	**ils veulent** イル ヴル
elle veut エル ヴ	**elles veulent** エル ヴル

発音の注意

・eu と ou の発音はカタカナではどちらも［ウ］ですが、eu は口をほとんど開けずに［ウ］、ou は口を前に出して［ウ］と発音します。

vouloir の使い方

〈 vouloir + 名詞 〉：～が欲しい

Ils **veulent** une grande maison.　彼らは広い一軒家が欲しい。
イル　ヴル　ユヌ　グろンドゥ　メゾン

〈 vouloir + 不定詞 〉：～したい

Elle **veut** être actrice.　彼女は女優になりたい。
エル　ヴ　エートる　アクトリス

★不定詞は活用していない動詞の形です。辞書の見出し語の原形と同じです。

練習1　1) Nous avons un chat noir.［…アン シャ ノワーる］　2) Émilie a les yeux bleus.［…レ ジィユ ブル］　3) J'ai une grande sœur.［…ユヌ グろンドゥ スーる］　4) Clio a les cheveux courts.［…レ シュヴー クーる］　5) Ils ont un petit chien.［…アン プティ シヤン］

avoir を使った表現（2）

〈 **avoir envie de + 名詞** 〉：～が欲しい

〈 **avoir envie de + 不定詞** 〉：～したい

J'**ai envie d'*** un collier de perles. 私は真珠のネックレスが欲しい。
ジェ　オンヴィ　ダン　コリエ　ドゥ　ぺるル

J'**ai envie d'*** être amoureux (amoureuse). 私は恋がしたい。
ジェ　オンヴィ　デートゥる　アムるー　アムるーズ

＊ de はエリジヨンします。

〈 **avoir besoin de + 名詞** 〉：～が必要である

〈 **avoir besoin de + 不定詞**〉：～する必要がある

J'**ai besoin d'** un dictionnaire français-japonais. 私は仏和辞典が必要です。
ジェ　ブゾワン　ダン　ディクショネーる　フろンセ　ジャポネ

J'**ai besoin d'** avoir un rendez-vous* chez le médecin.
ジェ　ブゾワン　ダヴォワーる　アン　ろンデヴー　シェ　ル　メドゥサン

医者に予約をとる必要があります。

＊ rendez-vous 男 予約、待ち合わせ

練習2 単語を正しく並べて文を完成しましょう（文頭は大文字にします）。

1）veut / Sophie / croissant / un / manger　ソフィはクロワッサンが食べたい。

……………………………………………………

2）visiter / voulons / Paris / nous　私たちはパリを訪れたい。

……………………………………………………

3）avoir / ils / un / veulent / chien　彼らは犬を飼いたい。

……………………………………………………

4）chanter / je / veux　私は歌いたい。

……………………………………………………

5）appartement / un / il / petit / veut　彼はパリに小さなマンションが欲しい。

…………………………………………… à Paris.

練習 2　1）Sophie veut manger* un croissant. [···モンジェ アン クろワッソン]
2）Nous voulons visiter* Paris. [···ヴィズィテ···]　3）Ils veulent avoir un chien.
4）Je veux chanter*. [···ションテ···]　＊ 4 課で学習する –er 規則動詞の不定詞（原形）
5）Il veut un petit appartement à Paris. [···アン プティタパるトゥモン···]

3 部分冠詞

フランス語にはすでに見た不定冠詞、定冠詞のほかに**部分冠詞**があります。

部分冠詞は名詞が表すものを１つ、２つといった数の基準ではなく、**量**でとらえます。数でとらえないので複数名詞に用いる形はありません。

du デュ	男性名詞	**du** café コーヒー デュ カフェ **du** poisson 魚 デュ ポワソン	**du** pain パン デュ パン
de la ドゥ ラ	女性名詞	**de la** soupe スープ ドゥ ラ スープ **de la** viande 肉 ドゥ ラ ヴィヨンドゥ	**de la** bière ビール ドゥ ラ ビエーる
de l'	母音、無音のhではじまる男性名詞・女性名詞	**de l'**eau 女 水 ドゥ ロー **de l'**argent 男 お金 ドゥ ラるジョン	**de l'**huile 女 油 ドゥ リュイル

【用法】

1. 数えられないもののある量を表す。

Il y a encore **du** vin. まだワインがある。
イリア オンコーる デュ ヴァン

液体や粉のように**数えられないもの**に用います。

2. 数える１つのもののある一部分の量を表す。

Elle veut manger **du** melon. 彼女はメロンを食べたい。
エル ヴ モンジェ デュ ムロン

un melon

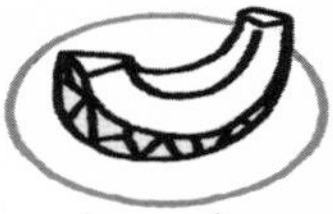
du melon

メロンをひとつ買うときは un melon です。食べるときはひとつを４つ、あるいは６つに切り分けます。つまり、ひとつのメロンのある一部分が食べる対象になります。この**ひとつのもののある一部分を表すのが部分冠詞**です。

3. とくに数えないもののある量を表す。

Il a **du** courage. 彼は勇気がある。
イラ デュ クらージュ

「勇気」「愛情」「幸運」といった**目に見える形を持たない性質や概念**を持ち合わせているとき、部分冠詞を用います。

練習3 単語を正しく並べて文を完成しましょう（文頭は大文字にします）。061

1）veut / de la / il / bière　　彼はビールが欲しい。

……………………………………

2）du / veux / je / pain　　私はパンが欲しい。

……………………………………

3）de la / elles / patience / ont　　彼女たちは我慢強い。

……………………………………

4）avons / de la / nous / chance　　私たちはラッキーです。

……………………………………

5）courage / du / avez / vous　　君たちは勇気があります。

……………………………………

4 否定文

ne (n') + 動詞 + pas　～でない

否定文は動詞を **ne**［ヌ］と **pas**［パ］ではさみます。

062

avoir の否定形

je ジュ	n'ai ネ	pas パ	nous ヌ	n'avons ナヴォン	pas パ
tu テュ	n'as ナ	pas パ	vous ヴ	n'avez ナヴェ	pas パ
il イル	n'a ナ	pas パ	ils イル	n'ont ノン	pas パ
elle エル	n'a ナ	pas パ	elles エル	n'ont ノン	pas パ

ここがポイント！

ne ～ pas の ne はエリジヨンします。次の語頭が母音または無音の h のとき e をとってアポストロフにして n' とし、次の語頭の母音とつづけて発音します。n'ai は［ネ］。

練習3　1）Il veut de la bière.　2）Je veux du pain.
3）Elles ont de la patience.［…パスィヨンス］　4）Nous avons de la chance.［…ションス］
5）Vous avez du courage.

063

être の否定形	
je ne suis pas ジュ ヌ スゥイ パ	nous ne sommes pas ヌ ヌ ソム パ
tu n' es pas テュ ネ パ	vous n' êtes pas ヴ ネットゥ パ
il n' est pas イル ネ パ	ils ne sont pas イル ヌ ソン パ
elle n' est pas エル ネ パ	elles ne sont pas エル ヌ ソン パ

ここがポイント！

être の活用形は語頭が子音のものと母音のものがあります。n' になるときに注意。

5 否定の冠詞 de

・直接目的語の名詞につく不定冠詞 (un / une /des) と部分冠詞 (du / de la / de l') は否定文では **de (d')** になります。
・定冠詞 (le / la / l' / les) は変わりません。
・属詞につく不定冠詞、部分冠詞は de（d'）になりません。

直接目的語とは？

064

動詞（être を除く）のあとに直接つづく名詞のことで、多く「〜を」に対応します。

Nous avons **un chien**.
主語 動詞 直接目的語（直目）

→ Nous **n'**avons **pas de** chien.
ヌ ナヴォン パ ドゥ シアン
私たちは犬を飼っていない。

J' ai **de la monnaie**.
主語 動詞 直接目的語（直目）

→ Je **n'**ai **pas de** monnaie.
ジュ ネ パ ドゥ モネ
私は小銭がない。

Il y a **des taxis** devant la gare.
→ Il **n'**y a **pas de** taxis devant la gare. 駅前にタクシーがない。
イル ニヤ パ ドゥ タクシ ドゥヴォン ラ ギャーる

★il y a 〜「〜がある」の構文でも「〜」の名詞に不定冠詞または部分冠詞がついているときは否定文で de (d') になります。

C' est **du sel.**
主語 動詞 属詞

→ Ce **n'**est **pas** du sel.
ス ネ パ デュ セル
これは塩ではない。

★属詞は主語または直接目的語の性質や状態を表す名詞や形容詞のことです。

練習4 否定文にしましょう。 065

1) Il a des sœurs.

.... 彼には姉妹がいません。

2) J'ai de la chance.

.... ついてないな。

3) Il y a du lait dans le frigo.

.... 冷蔵庫に牛乳がありません。

4) C'est un film français.

.... これはフランス映画ではありません。

5) Nous avons le cours de madame Dumas.

.... デュマ先生の授業はありません。

À vous! 自己紹介の文です。……に聞きとったフランス語を書き、文が完成したら繰り返し音読しましょう。 066

.... Je m'appelle* Akiko SATO. .... japonaise.
ボンジュール　ジュ　マペル　アキコ　サトー　ジュ スゥイ　ジャポネーズ

.... , mais ....
ジェ　アン フれーる　メ　ジュ ネ パ　ドゥ　スーる

À la maison, ... un gros* chien. .... méchant*.
ア　ラ　メゾン　ヌ　ザヴォン　アン　グろ　シャン　イル　ネ　パ　メシャン

.... aussi deux chats.
ヌ　ザヴォン　オスイ　ドゥ　シャ

.... encore* .... et très mignons*.
イル　ソン　オンコーる　プティ　エ　トれ　ミニョン

* je m'appelle：私の名前は〜です　gros(se)：大きい、太った
méchant(e)：かみつく、意地が悪い　encore：まだ　mignon(ne)：かわいい

こんにちは。サトウ・アキコと言います。日本人です。
兄弟が１人いますが、姉妹はいません。
家では大きな犬を飼っています。かみついたりしません。
２匹の猫も飼っています。まだ小さくて、とてもかわいいです。

練習4　1) Il n'a pas de sœur(s).　2) Je n'ai pas de chance.　3) Il n'y a pas de lait dans le frigo. [イルニヤ パ ドゥ レ ドン ル フリゴ]　4) Ce n'est pas un film français. [スネパアン…]　5) Nous n'avons pas le cours [クーる] de madame Dumas.

À vous！ Bonjour / Je suis / J'ai un frère / je n'ai pas de sœur / nous avons / Il n'est pas / Nous avons / Ils sont / petits

Leçon 4

Vous aimez les chats ?
ヴゼメ　レ　シャ

– Oui, beaucoup.
ウイ　ボクー

067

猫は好きですか。
ー はい、とても。

この課でできるようになること

好き嫌いをたずね、答える
日付や曜日をたずね、答える

-er 規則動詞の直説法現在　疑問文　疑問形容詞　savoir の直説法現在

1 –er 規則動詞（第 1 群規則動詞）の直説法現在

原形（不定詞）の語尾が -er で終わる動詞を **-er 規則動詞**と呼びます。原形の語尾 -er は［エ］と読みます。

068

例）

aimer（エメ） 好きである、愛する	adorer（アドれ） 大好きである
parler（パるレ） 話す	écouter（エクテ） 聞く
travailler（トゥらヴァイエ） 働く、勉強する	étudier（エテュディエ） 学ぶ
chanter（ションテ） 歌う	danser（ドンセ） 踊る
habiter（アビテ） 住む	donner（ドネ） 与える

-er 規則動詞の活用形は全人称共通の**語幹**と人称で異なる**語尾**でできています。

語幹：　原形（不定詞）の er の前の部分です。chant***er*** → chant

語尾：　-e［読まない］　-es［読まない］　-e［読まない］
　　　　-ons［オン］　-ez［エ］　-ent［読まない］

069

chanter（歌う）ションテ	
je chant***e*** ジュ ショントゥ	nous chant***ons*** ヌ ショントン
tu chant***es*** テュ ショントゥ	vous chant***ez*** ヴ ションテ
il chant***e*** イル ショントゥ	ils chant***ent*** イル ショントゥ
elle chant***e*** エル ショントゥ	elles chant***ent*** エル ショントゥ

語幹 語尾 **er**（原形・不定詞）エ	
語幹 **e** 読まない	語幹 **ons** オン
語幹 **es** 読まない	語幹 **ez** エ
語幹 **e** 読まない	語幹 **ent** 読まない
語幹 **e** 読まない	語幹 **ent** 読まない

発音の注意

・語尾の e, es, e, ent は読まないので、語幹の最後の t［トゥ］までを発音します。

・原形の語尾 er と vous の語尾 ez はどちらも［エ］ですから、t とつづけて ter, tez は［テ］の音です。nous は［オン］ですから tons は［トン］です。

070

aimer（好きである、愛する）エメ	
j' aim***e*** ジェム	nous aim***ons*** ヌゼモン
tu aim***es*** テュ エーム	vous aim***ez*** ヴゼメ
il aim***e*** イレーム	ils aim***ent*** イルゼーム
elle aim***e*** エレーム	elles aim***ent*** エルゼーム

発音の注意

・母音ではじまる動詞はエリジヨン、アンシェヌマン、リエゾンに注意しましょう。je はエリジヨンして、j'aime［ジェム］、il aime と elle aime はアンシェヌマンして［イレーム］［エレーム］と発音します。nous、vous、ils、elles の s は［ズ］の音を出してリエゾンするので［ヌ**ゼ**モン］［ヴ**ゼ**メ］［イル**ゼ**ーム］［エル**ゼ**ーム］の音になります。

aimer の使い方

071

〈 **aimer + 名詞** 〉：**～が好きである、～を愛している**

J'**aime** les chats. 私は猫が好きです。
ジェム レ シャ

★定冠詞は総称を表し、数える名詞は定冠詞複数を用います。

〈 **aimer + 不定詞** 〉：**～することが好きである**

Tu **aimes** chanter ? 君は歌うのが好き？
テュ エム ションテ

練習1 -er 規則動詞の直説法現在の活用形を書き、発音しましょう。 072

1) parler 話す
2) écouter 聞く
3) travailler 働く、勉強する
4) habiter 住む

2 疑問文の作り方と答え方

073

疑問文の作り方は３通りあります。すべての動詞に共通です。

1. 疑問符 « ? » をつけ、文末のイントネーションを上げて発音します。

Vous parlez français ? あなたはフランス語を話しますか？
ヴ パるレ フろンセ

Il parle *bien* (le) français ? 彼はフランス語を上手に話しますか？
イル パるル ビヤン ル フろンセ

★一般に「上手に」のような副詞を伴って定冠詞 le (l') をつけると、言語を外国語として話すニュアンスになります。

練習１　1) je parle, tu parl*es*, il parle, elle parle, nous parl*ons*, vous parl*ez*, ils parl*ent*, elles parl*ent* ＊語尾 e, es, e, ent は読みませんから、je, tu, il, elle, ils, elles の活用形は［パるル］の音です。原形と vous は［パるレ］の音です。　2) j'écoute, tu écout*es*, il écoute, elle écoute, nous écout*ons*, vous écout*ez*, ils écout*ent*, elles écout*ent* ＊母音ではじまる動詞ですから注意してください。je はエリジヨンして［ジェクートゥ］、il と elle はアンシェヌマンして［イレクートゥ］［エレクートゥ］、nous, vous, ils, elles はリエゾンして［ヌゼクトン］［ヴゼクテ］［イルゼクートゥ］［エルゼクートゥ］　3) je travaille, tu travaill*es*, il travaille, elle travaille, nous travaill*ons*, vous travaill*ez*, ils travaill*ent*, elles travaill*ent* ＊ je, tu, il, elle, ils, elles は［トゥらヴァーイユ］、原形と vous は［トゥらヴァイエ］、nous は［トゥらヴァイヨン］　4) j'habite, tu habit*es*, il habite, elle habite, nous habit*ons*, vous habit*ez*, ils habit*ent*, elles habit*ent* ＊無音の h ではじまる動詞です。h は読まないので原形の音は［アビテ］。母音の a ではじまるので (2) と同じです。je は［ジャビットゥ］, il と elle は［イラビットゥ］［エラビットゥ］、nous, vous, ils, elles は［ヌザビトン］［ヴザビテ］［イルザビットゥ］［エルザビット］

2. 文頭に est-ce que (qu') をつけます。

Est-ce que vous parlez français ?
エ　ス　ク　ヴ　パるレ　フろンセ

Est-ce qu'* il parle français ?
エ　ス　キル　パるル　フろンセ

＊ que はエリジョンします。

3. 主語と動詞を倒置します。

Parlez-vous français ?
パるレ　ヴ　フろンセ

Parle-t-il français ? / **Parle-t-elle** français ?
パるル　ティル　フろンセ　パるル　テル　フろンセ

★３人称単数（il /elle）の活用語尾が母音字のとき、動詞と主語のあいだに **t** を入れて倒置します。発音しやすくするためです。

主語が名詞のとき

Sophie parle japonais ?
ソフィ　パるル　ジャポネ

Est-ce que Sophie parle japonais ?
エ　ス　ク　ソフィ　パるル　ジャポネ

Sophie parle-t-**elle** japonais ?
ソフィ　パるル　テル　ジャポネ

★倒置の疑問文では名詞はそのままの位置で、名詞に対応する主語人称代名詞を用いて動詞と倒置する。

肯定疑問文の答え方

074

Vous êtes étudiant ?　（男性１人に）あなたは大学生ですか。
ヴゼットゥ　エテュディヨン

– **Oui**, je suis étudiant.　— はい、ぼくは学生です。
ウィ　ジュ スゥイ　エデュディヨン

★ être を用いて「私は〜です」と職業、身分などを伝えるとき、フランス語では名詞に冠詞をつけません。

– **Non**, je **ne** suis **pas** étudiant.　— いいえ、ぼくは学生ではありません。
ノン　ジュ　ヌ　スゥイ　パ　エテュディヨン

「〜ですか」と肯定で聞かれた疑問文に、「はい、そうです」と答えるときは **oui** を、「いいえ、違います」と答えるときは **non** を用います。

否定疑問文の答え方

075

Vous **n'**êtes **pas** étudiant ?　（男性１人に）あなたは大学生ではないのですか？
ヴ　ネットゥ　パ　エテュディヨン

– **Non**, je **ne** suis **pas** étudiant.　— はい、ぼくは学生ではありません。
ノン　ジュ　ヌ　スゥイ　パ　エテュデイヨン

– **Si**, je suis étudiant.　— いいえ、ぼくは学生です。
スィ　ジュ　スゥイ　エテュデイヨン

「～ではないのですか」と否定で聞かれた疑問文に、「はい、～ではありません」と答えるとき、**non** を用います。oui ではないことに注意しましょう。

「～ではないのですか」と否定で聞かれて、「いいえ違います、～です」と答えるときは **si** を用います。non は使えません。

練習2 日本語で指示された答えを書き、音声のあとに言ってみましょう。076

1）Vous êtes libre ?

– ……………………………………

あなたは暇ですか？ — はい、暇です。

2）Tu es occupé ?

– ……………………………………

君は忙しい？ — いいえ、忙しくないよ。

3）Vous aimez chanter ?

– ……………………………………

あなたは歌うことは好きですか。 — はい、歌うのが好きです。

4）Tu n'aimes pas les chats ?

– …………………………………… beaucoup les chats.

君は猫が好きではないの？ — いいえ、猫がとても好きよ。

5）Tu n'es pas fatigué ?

– ……………………………………

君は疲れていない？ — うん、疲れてないよ。

練習２ 1）Oui, je suis libre. […リーブる] 2）Non, je ne suis pas occupé. […オキュペ] 3）Oui, j'aime chanter. 4）Si, j'aime beaucoup les chats. […ボクー レシャ] 5）Non, je ne suis pas fatigué. […ファティゲ]

3 疑問形容詞

077

名詞の表すものが「何、どれ、誰」と尋ねる疑問詞です。疑問形容詞の形は4つあり、関係する名詞の性・数に一致するものを用います。

	男性	女性
単数	**quel** ケル	**quelle** ケル
複数	**quels** ケル	**quelles** ケル

Quel jour* sommes-nous ?　何曜日ですか？　＊ jour 男 : 曜日
ケル ジューる ソム ヌ

– Nous sommes lundi.　—月曜日です。
ヌ ソム ランディ

★曜日を伝えるとき、主語と動詞は nous sommes... を用います。

曜日

078

月 **lundi** ランディ	火 **mardi** マるディ	水 **mercredi** メるクるディ	木 **jeudi** ジュディ
金 **vendredi** ヴォンドゥるディ	土 **samedi** サムディ	日 **dimanche** ディモンシュ	

079

Quelle est la date d'aujourd'hui ?　きょうは何日ですか？
ケレ ラ ダットゥ ドジューるデュイ

– Nous sommes le premier mai.　—5月1日です。
ヌ ソム ル プるミエ メ

– Nous sommes le deux mai.　—5月2日です。
ヌ ソム ル ドゥ メ

★日付けには定冠詞 le を用います。
★1日だけ序数詞を用います。

premier (première) 第1の　deuxième 第2の　troixième 第3の
プるミエ プるミエーる　ドゥズィエム　トゥろワズィエム

12か月

080

1月 **janvier** ジョンヴィエ	2月 **février** フェヴリエ	3月 **mars** マるス	4月 **avril** アヴリル
5月 **mai** メ	6月 **juin** ジュアン	7月 **juillet** ジュイエ	8月 **aout*** ウットゥ
9月 **septembre** セプトンブる	10月 **octobre** オクトーブる	11月 **novembre** ノヴォンブる	12月 **décembre** デソンブる

＊新綴り字

4 savoir の直説法現在

081

savoir（知っている） サヴォワーる	
je sais ジュ セ	nous savons ヌ サヴォン
tu sais テュ セ	vous savez ヴ サヴェ
il sait イル セ	ils savent イル サーヴ
elle sait エル セ	elles savent エル サーヴ

savoir は3課までに学習した être, avoir, vouloir と同様、不規則動詞と呼ばれます。繰り返し発音して覚えましょう。

savoir の使い方

〈 savoir + 名詞 〉〈 savoir que + 主語 + 名詞 〉：〜を知っている

Tu **sais** ? Thomas habite à Tokyo.
テュ セ トマ アビッタ トキョ
ねえ（知ってる）？ トマは東京に住んでるよ。

Elle arrive à quelle heure ? 彼女、何時に着くの？
エラリーヴ ア ケルーる
– Je ne **sais** pas. — 知らない。
ジュ ヌ セ パ

〈 savoir + 不定詞 〉：（能力として）〜できる

Vous **savez** nager ? あなたは泳げますか。
ヴ サヴェ ナジェ

練習3 ［　　］の動詞の直説法現在形を書きましょう。 082

1）Tu .... quelle musique? ［écouter］ なんの音楽を聴いているの？

2）Quels gâteaux* ....-vous ?［aimer］ なんのケーキが好きですか？

3）Tu .... conduire ?［savoir］ 運転できる？

4）Vous .... ?［travailler］ お仕事してますか？

＊綴り字が -eau で終わる名詞、形容詞の複数形には s ではなく x をつけます。

練習3　1）Tu <u>écoutes</u> quelle musique ?［…ケル ミュジック］
2）Quels gâteaux <u>aimez</u>-vous ?［ケル ガトー…］
3）Tu <u>sais</u> conduire ?［…コンデュイーる］ 4）Vous <u>travaillez</u> ?

À vous! 「好きなもの」「話せる言語」についてのやりとりです。モデルを繰り返し音読しましょう。慣れてきたら、下線部を別の語と入れ替えて練習しましょう。

083

A : Quelles pâtisseries aimez-vous ?　どんなお菓子が好きですか？
ケル　パティスリ　エメ　ヴ

B : J'adore <u>les macarons</u>①.　マカロンが大好きです。
ジャドーる　レ　マカろン

A : Ah bon*. Et quels fruits aimez-vous ?　そうですか。で、どんな果物が好きですか？
ア　ボン　エ　ケル　フリュイ　エメ　ヴ

B : J'aime <u>les fraises</u>.②　イチゴが好きです。
ジェム　レ　フれーズ

＊ Ah bon. : ああそう

① les madeleines 女 マドレーヌ / les éclairs 男 エクレア
レ　マドレーヌ　レゼクレーる

② les pommes 女 りんご / les bananes 女 バナナ / le melon 男 メロン
レ　ポム　レ　バナーヌ　ル　ムロン

★ Je mange du melon. のように部分冠詞を用いて食べる量を表す名詞には、総称を表すとき定冠詞単数を用います。

084

A : Quelles langues parlez-vous ?　どんな言語を話しますか？
ケル　ロング　パるレ　ヴ

B : Je parle japonais et <u>anglais</u>③.　日本語と英語を話します。
ジュ　パるル　ジャポネ　エ　オングレ

A : Vous ne parlez pas français ?　フランス語は話さないのですか？
ヴ　ヌ　パるレ　パ　フろンセ

B : Si, un peu.　いいえ、少し（話します）。
スィ　アン　プ

③ (le) chinois 中国語 / (l') espagnol スペイン語
シノワ　エスパニョル

(l') allemand ドイツ語 / (le) coréen 韓国語
アルモン　コれアン

085

A : Tu aimes les chiens ?　犬は好き？
テュ　エム　レ　シヤン

B : <u>Oui, beaucoup</u>④.　ええ、とても（好き）。
ウィ　ボクー

A : Et les chats ?　猫は？
エ　レ　シャ

B : <u>Non, pas beaucoup</u>④.　いいえ、あんまり（好きではない）。
ノン　パ　ボクー

④ Oui, un peu. はい、少し。/ Non, pas du tout. いいえ、全然（好きではない）。
ウィ　アン　プ　ノン　パ　デュ　トゥ

Leçon 5

C'est l'anniversaire de mon père demain.
セ ラニヴェるセーる ドゥ モン ぺーる ドゥマン

– Tu choisis cette cravate pour lui ?
テュ ショワジ セットゥ クらヴァットゥ プーる リュイ

明日は私の父の誕生日なの。
ー 君は彼のためにこのネクタイを選ぶの？

この課でできるようになること

自己紹介をする（2）　家族について伝える

-ir 規則動詞の直説法現在　人称代名詞強勢形
所有形容詞　指示形容詞　pouvoir の直説法現在

1 –ir 規則動詞（第２群規則動詞）の直説法現在

原形（不定詞）の語尾が -ir で終わる規則動詞です。-ir は［イーる］と読みます。

例） **finir** 終える、終わる（フィニーる）　**choisir** 選ぶ（ショワジーる）
réussir 成功する（れユスィーる）　**remplir** 記入する、満たす（ろンプリーる）

-ir 規則動詞は、-er 規則動詞と同様、語幹と語尾でできています。

語幹：原形（不定詞）の ir の前の部分です。fin***ir*** → fin

語尾：-is［イ］　-is［イ］　-it［イ］
-issons［イソン］　-issez［イセ］　-issent［イス］

finir（終える、終わる） フィニーる	
je fin***is*** ジュ フィニ	nous fin***issons*** ヌ フィニソン
tu fin***is*** テュ フィニ	vous fin***issez*** ヴ フィニセ
il fin***it*** イル フィニ	ils fin***issent*** イル フィニス
elle fin***it*** エル フィニ	elles fin***issent*** エル フィニス

088

語幹 **ir**（原形・不定詞） 語尾 イーる	
語幹 **is** イ	語幹 **issons** イソン
語幹 **is** イ	語幹 **issez** イセ
語幹 **it** イ	語幹 **issent** イス
語幹 **it** イ	語幹 **issent** イス

finir の使い方

〈 finir + 名詞 〉：～を終える

Tu **finis** le travail à quelle heure ?　君は何時に仕事を終えるの？
テュ フィニ ル トゥらヴァイユ ア ケルーる

– À 18 heures.　—18 時に。
ア ディズユイッ トゥーる

〈 名詞 + finir 〉：～が終わる

Le cours **finit** à 16 heures.　授業は 16 時に終わります。
ル クーる フィニ ア セズゥーる

練習1　–ir 規則動詞の直説法現在の活用形を書き、発音しましょう。　089

1）choisir　選ぶ

2）réussir　成功する

3）remplir　記入する

練習 1　1) je chois*is*, tu chois*is* , il chois*it*, elle chois*it*, nous chois*issons* [ヌ ショワジソン], vous chois*issez* [ヴ ショワジセ], ils chois*issent*, elles chois*issent*　＊ je, tu, il, elle は [ショワジ]、ils, elles は [ショワジス]

2) je réuss*is*, tu réuss*is*, il réuss*it*, elle réuss*it*, nous réuss*issons* [ヌ れユスィッソン], vous réuss*issez* [ヴ れユスィセ], ils réuss*issent*, elles réuss*issent*　＊ je, tu, il, elle は[れユスィ]、ils, elles は [れユスィス]

3) je rempl*is*, tu rempl*is*, il rempl*it*, elle rempl*it*, nous rempl*issons* [ヌ ろンプリッソン], vous rempl*issez* [ヴ ろンプリセ], ils rempl*issent*, elles rempl*issent*　＊ je, tu, il, elle は[ろンプリ]、ils, elles は [ろンプリス]

2 強勢形の人称代名詞

090

主語	je	tu	il	elle	nous	vous	ils	elles
強勢形	**moi** モワ	**toi** トワ	**lui** リュイ	**elle** エル	**nous** ヌ	**vous** ヴ	**eux** ウー	**elles** エル
	私	君	彼	彼女	私たち	あなた あなた方 君たち	彼ら	彼女たち

【用法】

1. 主語の強調　**Moi**, *je* suis japonaise. 私、私は日本人です。
   モワ　ジュ　スィ　ジャポネーズ
2. 前置詞とともに　Tu chantes *avec* **nous** ? ぼくたちと一緒に歌う？
   テュ　ショントゥ　アヴェック　ヌ
3. c'est の表現で　Allô, *c'est* **toi**, Paul ? もしもし、ポール、君かい？
   アロー　セ　トワ　ポール

前置詞

- **à ～** （場所）～で / ～へ　（時刻）～に　ア
- **de ～** ～の / ～から　ドゥ
- **avec ～** ～と一緒に　アヴェック
- **chez ～** ～の家で　シェ
- **pour ～** ～ために　プーる

練習2 日本語に合うように強勢形の人称代名詞を書き、発音しましょう。 091

1) Je veux danser avec ＿＿＿＿＿＿. 　ぼくは君と踊りたい。
2) ＿＿＿＿＿＿, il est français. 　彼、彼はフランス人です。
3) C'est ＿＿＿＿＿＿. 　私です。

3 所有形容詞

その人が所有しているもの、関係のあるものや人について「私の～」「あなたの～」などの意味で用います。

英語と異なり、「私の」を表す所有形容詞は 3 つの形があり、次にくる名詞の性と数によって使い分けます。「私」が男性か女性かは関係ありません。

練習 2　1) Je veux danser avec toi.　2) Lui, il est français.　3) C ' est moi.

092

	男性単数		女性単数		男性・女性複数	
私の	**mon** モン	père ペール (adresse)	**ma** マ	mère メーる	**mes** メ	parents パろン
君の	**ton** トン		**ta** タ		**tes** テ	
彼の / 彼女の	**son** ソン		**sa** サ		**ses** セ	
私たちの	**notre** ノートる	père / mère ペーる メーる			**nos** ノ	parents パろン
あなた(方)の / 君たちの	**votre** ヴォートる				**vos** ヴォ	
彼らの / 彼女たちの	**leur** ルーる				**leurs** ルーる	

mon　男性名詞単数　　**mon** père　私の父
ma　女性名詞単数　　**ma** mère　私の母
mes　男性名詞複数・女性名詞複数　　**mes** parents　私の両親

père は男性名詞単数なので **mon** père、mère は女性名詞単数なので **ma** mère、parents は複数名詞なので **mes** parents となります。

主語に **tu**「君は」を用いるとき、所有形容詞は **ton / ta / tes**「君の」になります。

主語が **vous**「あなたは、あなた方は、君たちは」のとき、所有形容詞は **votre / vos**「あなたの、あなた方の、君たちの」です。単数名詞には、女性名詞も男性名詞も votre、複数名詞には vos を用います。

votre père, ***votre*** mère, ***vos*** parents

son / sa / ses はどれも 2 つの意味「彼の、彼女の」で用います。

son père 彼の / 彼女の父　***sa*** mère 彼の / 彼女の母　***ses*** parents 彼の / 彼女の両親

ここがポイント！

★ adresse「住所、アドレス」のように母音、無音の h ではじまる女性名詞単数には、ma / ta / sa を使いません。ma adresse のように母音の音がつづいて発音しずらくなるためです。男性名詞単数に用いる mon / ton / son を使い、n は次の母音とリエゾンして ***mon*** adresse［モンナドれス］、***ton*** adresse［トンナドれス］、***son*** adresse［ソンナドれス］と発音します。

練習3 日本語に合うように所有形容詞を書き、発音しましょう。 093

1) C'est .... sac 男 .　　これは私のカバンです。

2) C'est .... valise 女 .　　これは私のスーツケースです。

3) .... passeport 男 , s'il vous plait* .　　＊新綴り字

あなたのパスポートをお願いします。

4) Voilà .... sœur.　　ほら、彼の姉妹です。

5) Voilà .... frère.　　ほら、彼女の兄弟です。

4 指示形容詞

「この / その / あの」と指し示す意味の形容詞です。

名詞につけて使いますから、不定冠詞、定冠詞と同じように、次にくる名詞の性と数によって４つの形を使い分ます。 094

ce ス	男性名詞単数	**ce** livre この / あの / その本 (ス リーヴる)
cet セットゥ	母音、無音の h ではじまる男性名詞単数	**cet** avion あの飛行機 (セッタヴィヨン)　**cet** hôtel このホテル (セットテル)
cette セットゥ	女性名詞単数	**cette** maison この家 (セットゥ メゾン)　**cette** école あの学校 (セッテコル)
ces セ	男性名詞複数	**ces** livres これらの本 (セ リーヴる)　**ces** avions あれらの飛行機 (セザヴィヨン) **ces** hôtels それらのホテル (セゾテル)
	女性名詞複数	**ces** maisons これらの家 (セ メゾン)　**ces** écoles あれらの学校 (セゼコル)

発音の注意

・cet / cette はどちらも［セットゥ］と発音し、次にくる語頭の母音とアンシェヌマンします。

・ces［セ］は不定冠詞 des、定冠詞 les と同様、次にくる語頭の母音とリエゾンします。

練習 3　1) C'est mon sac.　2) C'est ma valise.　3) Votre passeport, s'il vous plait［ヴォートる パスポーる シルヴプレ］.　4) Voilà sa sœur.　5) Voilà son frère.

Ce vélo est à* Léo. この自転車はレオのものです。* A être à B : A は B のものである
ス　ヴェロ　エタ　レオ

Cette place est libre. この席はあいています。
セットゥ　プラス　エ　リーブる

Cet appartement est grand. このマンションは広い。
セタパるトゥモン　エ　グろン

Ces étudiants travaillent bien. これらの学生はよく勉強します。
セゼテュディヨン　トゥらヴァイユ　ビヤン

練習4 日本語に合うように指示形容詞を書き、発音しましょう。 095

1) .... gâteau 男 est très bon. このケーキはとてもおいしい。
2) .... enfants chantent bien. この子供たちは上手に歌います。
3) .... ordinateur 男 marche bien. このパソコンは調子がいい。
4) Tu remplis .... fiche 女 . 君はこの用紙に記入するんだよ。

5 pouvoir の直説法現在

096

pouvoir（できる） プヴォワーる	
je peux ジュ　プ	**nous pouvons** ヌ　プヴォン
tu peux テュ　プ	**vous pouvez** ヴ　プヴェ
il peut イル　プ	**ils peuvent** イル　プーヴ
elle peut エル　プ	**elles peuvent** エル　プーヴ

pouvoir の使い方

〈pouvoir + 不定詞〉：〜することができる　＊状況、条件として「〜できる」を表す。

Je ne **peux** pas arriver avant midi. 正午までに着くことができません。

★動詞が2つ以上あるときの否定は、活用している動詞を ne と pas ではさみます。

練習4　1) Ce gâteau est très bon. ＊ très : とても　2) Ces enfants chantent bien. [セゾンフォン…]　3) Cet ordinateur marche bien [セットるディナトゥーる マるシュ ビヤン]. 母音ではじまる男性名詞単数なので ce ではなく cet　＊ marcher : 動く、歩く　4) Tu remplis cette fiche […セットゥ フィッシュ].

否定の表現

097

ne ～ plus：もはや～ない

Je n'ai plus faim.
ジュ ネ ブリュ ファン
私はもうお腹が空いていない。

Je ne suis plus étudiant.
ジュ ヌ スィ ブリュ エテュディヨン
私はもう学生ではありません。

ne ～ jamais：決して～ない

Il n'est jamais content.
イル ネ ジャメ コントン
彼は決して満足しない。

ne ～ rien：何も～ない

Elle ne veut rien.
エル ヌ ヴ リヤン
彼女は何も欲しくない。

ne ～ personne：誰も～ない

Il n'y a personne dans la classe.
イル ニヤ ぺるソンヌ ドン ラ クラス
教室には誰もいない。

ne ～ que ...：…しか～ない

Je n'ai que 50 euros.
ジュ ネ ク サンコントゥーろ
私は 50 ユーロしか持っていない。

À vous! 自己紹介の文です。下線部に聞きとったフランス語を書き、文が完成したら繰り返し音読しましょう。①、②には入れ替え可能な表現が用意されていますので、参考にしましょう。

098

1) ………………. Je m'appelle Saki KATO. ………………… le droit① à l'université. ………………… seule* à Tokyo.
ボンジューる ジュ マペル サキ カトー ジェテュディ ル ドゥろワ ア リュニヴェるシテ ジャビットゥ スル ア トキョー

……………………………… à Nagoya. ……………… fille unique②. …………………………. Après* les cours, ……………………… avec les membres du club*. Le soir, je dine* souvent avec ………………….
メ パろン アビットゥ ア ナゴヤ ジュ スゥイ フィーユ ユニック ジェム ションテ アプれ レ クーる ジュ ショントゥ アヴェック レ モンブる デュ クラブ ル ソワーる ジュ ディヌ スヴォン アヴェックー

＊ seul(e) : ひとりで　après ~: ～のあとで　les membres du club: クラブのメンバー
diner : 夕食をとる（新綴り字）

こんにちは。カトウ・サキと言います。私は大学で法律を学んでいます。東京でひとりで住んでいます。
両親は名古屋に住んでいます。ひとり娘です。
歌うのが好きです。授業のあと、クラブのメンバーと歌っています。晩にはよく彼らと一緒に夕食をとります。

① la langue française フランス語 / l'économie 経済 / la politique 政治
ラ ロング フろンセーズ レコノミ ラ ポリティック
les beaux-arts 美術 / la musique 音楽
レ ボザーる ラ ミュジック

② fils unique ひとり息子
フィス ユニック

099

2) .... Je m'appelle Takashi YAMADA. .... à Kyoto
ボンジューる ジュ マペル タカシ ヤマダ ジャビットゥ ア キョト
avec ...... famille. Je ne suis plus étudiant.
アヴェック マ ファミーユ ジュ ヌ スゥイ プリュ エテュディヨン
.... dans une banque.①
ジュ トらヴァイユ ドンズュヌ ボンク

J'ai ....
ジェ ユヌ プティットゥ スーる エレ エテュディアントゥ
.... études* .... année*. Elle veut
エル フィニ セゼテュッドゥ セッタネ エル ヴ
travailler dans la mode②.
トゥらヴァイエ ドン ラ モッドゥ

＊ les études : 学業　une année : 年

こんにちは。ヤマダ・タカシといいます。京都で家族と住んでいます。私はもう学生ではありません。
私は銀行に勤めています。
妹がひとりいます。彼女は学生です。
今年卒業します。彼女はファンション関係の仕事をしたいと思っています。

① un restaurant レストラン / un hôtel ホテル / un magasin 店
アン れストろン アンノテル アン マガザン

② la finance 金融 / l'informatique IT 関連
ラ フィノンス ランフォるマティック

À vous ! 1) Bonjour / J'étudie / J'habite / Mes parents habitent / Je suis / J'aime chanter / je chante / eux
2) Bonjour / J'habite / ma / Je travaille / une petite sœur / Elle est étudiante / Elle finit ses / cette

Leçon 6

Qu'est-ce que vous faites dans la vie ? – Je suis pâtissier.

ケ　ス　ク　ヴ　フェットゥ　ドン　ラ　ヴィ
ジュ　スィ　パティシエ

仕事は何をしていますか？
— 私はパティシエです。

この課でできるようになること

職業や趣味についてやりとりする

faire の直説法現在　主語人称代名詞 on
疑問代名詞　mettre の直説法現在

1 faire の直説法現在

faire（～をする、作る）
フェーる

je fais ジュ フェ	**nous faisons** ヌ フゾン
tu fais テュ フェ	**vous faites** ヴ フェットゥ
il fait イル フェ	**ils font** イル フォン
elle fait エル フェ	**elles font** エル フォン

ここがポイント！

ai の綴りは［エ］と発音しますが、nous の活用形 faisons の fai は［フェ］ではなく［フ］と発音します。発音しやすいためです。

faire の使い方

〈 **faire + 名詞** 〉：～を作る

Elle **fait** un gâteau pour ses enfants. 彼女は子どもたちのためにケーキを作る。
エル フェ アン ガトー プーる セゾンフォン

〈 **faire + 部分冠詞 + 名詞（スポーツ、音楽、言語）**〉：～をする、している

Je **fais** du tennis. 私はテニスをやっています。
ジュ フェ デュ テニス

Je **fais** de la guitare. 私はギターをやっています。
ジュ フェ ドゥ ラ ギターる

Je **fais** du français. 私はフランス語をやっています。
ジュ フェ デュ フろンセ

★「スポーツをプレイする」「楽器を演奏する」「言語を学んでいる」を伝えるくだけた言い方です。

faire を使った表現

faire les courses : 買い物をする

Ils **font** les courses chez le marchand de fromages.
イル フォン レ クるス シェ ル マるション ドゥ フろマージュ
彼らはチーズ店で買い物をしている。

faire la cuisine : 料理をする

Mon père **fait** la cuisine. 私の父は料理をします。
モン ペーる フェ ラ キュイズィーヌ

2 主語人称代名詞 on

主語人称代名詞 on は次のような意味で使います。ただし、**動詞は常に３人称単数 (il / elle) の活用形**にします。

【用法】

1. 話し言葉で nous「私たちは」の代わりとして用いる。

On travaille ? (Nous travaillons ?) 仕事をしましょうか？
オン トゥらヴァイユ ヌ トゥらヴァイヨン

2. 不特定の「人は、人々は」の意味で用いる。

On parle français à Lausanne. ローザンヌでは（人は）フランス語を話しています。
オン パるル フろンセ ア ローザンヌ

3.「誰かが」の意味で用いる。

On frappe à la porte. 誰かがドアをノックしています。
オン フらップ ア ラ ぽるトゥ

3 疑問代名詞：「人」についてたずねる

104

「誰が」「誰を」「誰」「誰に、誰と」などをたずねる

誰が（主語）	
qui + 動詞 キ	**Qui** veut du pain ? 誰がパンを欲しいですか？ キ ヴ デュ パン
qui est-ce qui + 動詞 キ エ ス キ	**Qui est-ce qui** veut du pain ? キ エ ス キ ヴ デュ パン

★ qui est-ce qui は qui より日常で使われる頻度が高い。
★ qui / qui est-ce qui につづく動詞は 3 人称単数 (il / elle) の活用形です。

誰を（直接目的語）	
qui + 動詞 + 主語 キ	**Qui** cherchez-vous ? あなたは誰を探していますか？ キ シェるシェ ヴ
qui est-ce que + 主語 + 動詞 キ エ ス ク	**Qui est-ce que** vous cherchez ? キ エ ス ク ヴ シェるシェ
主語 + 動詞 + qui（くだけた言い方） キ	Vous cherchez **qui** ? ヴ シェるシェ キ

★ qui では、主語人称代名詞と動詞を倒置するとき、ハイフンが必要です。
★ qui est-ce que では、疑問文を作る est-ce que のあとなので主語、動詞の語順です (p.43 参照)。que のエリジヨンに注意。Qui est-ce *qu'elle* cherche ?
キ エ ス ケル シェるシュ

誰（属詞）	
qui + 動詞 + 主語 キ	**Qui** êtes-vous ? あなたは誰ですか？ キ エットゥ ヴ **Qui** est-ce ? （あちらは）誰ですか？ キ エ ス
主語 + 動詞 + qui（くだけた言い方） キ	Vous êtes **qui** ? C'est **qui** ? ヴゼットゥ キ セ キ

Qui est-ce que tu aimes ? 誰が好きなの？
– Ma grand-mère. Elle est très gentille avec moi.
ーおばあちゃんよ。私にとてもやさしいの。

105

（前置詞と共に）**誰に・誰と・誰について…**（間接目的語・状況補語など）	
前置詞 + **qui** + 動詞 + 主語 キ	**Avec qui dinez-vous ?** あなたは誰と夕食をとりますか？ アヴェック キ ディネ ヴ
前置詞 + **qui est-ce que** + 主語 + 動詞 キ エ ス ク	**Avec qui est-ce que vous dinez ?** アヴェック キ エ ス ク ヴ ディネ
主語 + 動詞 + 前置詞 + **qui**（くだけた言い方） キ	**Vous dinez avec qui ?** ヴ ディネ アヴェック キ

Il est à qui, ce sac à dos ? これは誰のもの、このリュック？
イレ タ キ ス サッカ ド

– Il est à moi. ー僕のだよ。
イレ タ モワ

練習1 単語を正しく並べて文を完成しましょう（文頭は大文字にします）。 106

1）vin / veut / du / qui / ? – Moi.
誰がワインを欲しいですか？ 一私です。

....

2）vous / qui est-ce que / cherchez / ? – Ma fille.
誰をお探しですか？ 一私の娘です。

....

3）qui / tu / danser / veux / avec / ? – Avec Marie.
誰と踊りたいの？ ー マリーと。

....

4）ce / qui / monsieur / est / ? – C'est notre professeur de maths*.
あの男性は誰ですか？ ー 私たちの数学の先生です。

....

＊ maths［マットゥ］: 数学

練習 1 1）Qui veut du vin ? 2）Qui est-ce que vous cherchez ? 3）Tu veux danser avec qui ? 4）Qui est ce monsieur ?

4 疑問代名詞：「もの、事柄」についてたずねる

107

「何が」「何を」「何」「何に、何について…」などをたずねる

何が（主語）	
qu'est-ce qui + 動詞 (ケ ス キ)	**Qu'est-ce qui** est difficile ? 何がむずかしいですか？ (ケ ス キ エ ディフィシル)

★ qu'est-ce qui につづく動詞は常に 3 人称単数 (il / elle) の活用形にします。

何を（直接目的語）	
que + 動詞 + 主語 (ク)	**Que** faites-vous ? 何をしていますか？ (ク フェットゥ ヴ)
qu'est-ce que + 主語 + 動詞 (ケ ス ク)	**Qu'est-ce que** vous faites ? (ケ ス ク ヴ フェットゥ)
主語 + 動詞 + quoi★（くだけた言い方） (コワ)	Vous faites **quoi** ? (ヴ フェットゥ コワ)

★ qu'est-ce que では、疑問文を作る est-ce que のあとなので主語、動詞の語順です。 que はエリジヨンします。Qu'est-ce qu'elle fait ? (ケ ス ケル フェ)

★疑問詞を動詞のあとに置く語順のときは quoi を使います。que は使えません。

何（属詞）	
qu'est-ce que + 主語 + 動詞 (ケ ス ク)	**Qu'est-ce que** c'est ? これは何ですか？ (ケ ス ク セ)
主語 + 動詞 + quoi（くだけた言い方） (コワ)	C'est **quoi** ? (セ コワ)

★que のあとに動詞と主語を倒置する Qu'est-ce ? は日常的には使いません。

Qu'est-ce que tu fais comme* sport ? スポーツは何をやっているの？
– Je fais du judo. ー柔道をやっているよ。

* comme : 〜として

108

（前置詞と共に）**何について…**（間接目的語・状況補語）	
前置詞 + **quoi** + 動詞 + 主語 コワ	**À quoi penses*-tu ?** 君は何を考えているの。 ア コワ ポンス テュ
前置詞 + **quoi est-ce que** + 主語 + 動詞 コワ エ ス ク	**À quoi est-ce que tu penses ?** ア コワ エ ス ク テュ ポンス
主語 + 動詞 + 前置詞 + **quoi**（くだけた言い方） コワ	**Tu penses à quoi ?** テュ ポンス ア コワ

＊ penser à ～ : ～について考える

★「もの、事柄」についてたずねるとき、前置詞が必要な場合 **quoi** を用います。que は使えません。

練習2 単語を正しく並べて文を完成しましょう（文頭は大文字にします）。109

1）on / soir / qu'est-ce qu' / mange / ce / ? – Des steaks frites.
今晩、何を食べようか？ ―フライドポテト添えのステーキよ。

……………………………………………………

2）ils / - / quoi / de / parlent* / ? – De leurs examens.
彼らは何を話していますか？ ―彼らの試験のこと。

……………………………………………………

＊ parler de ~:~ について話す

3）faites / que / dans / vie / la / - / vous / ? – Je suis journaliste.
お仕事は何をなさっていますか？ ―ジャーナリストです。

……………………………………………………

4）important / est / qu'est-ce qui / dans la vie ? – C'est le travail.
人生で何が大事ですか？ ―仕事です。

……………………………………………………

練習 2 1）Qu'est-ce qu'on mange ce soir ? 2）De quoi parlent-ils ?［…パるルティル］ 3）Que faites-vous dans la vie ? 4）Qu'est-ce qui est important dans la vie ?［…アンポるトン］

性・数の区別がある疑問代名詞

110

すでに示されている同じ種類のものから「誰」「どれ」をたずねる疑問詞です。

	男性	女性
単数	**lequel** ルケル	**laquelle** ラケル
複数	**lesquels** レケル	**lesquelles** レケル

Lequel de ces gâteaux veux-tu ? これらのケーキのどれが欲しい？
ルケル ドゥ セ ガト ヴ テュ

5 mettre の直説法現在

111

mettre（～を置く、着る） メットゥる	
je mets ジュ メ	**nous mettons** ヌ メトン
tu mets テュ メ	**vous mettez** ヴ メテ
il met イル メ	**ils mettent** イル メットゥ
elle met エル メ	**elles mettent** エル メットゥ

mettre の使い方

〈 mettre + 名詞 〉：（物）を（ある場所に）置く、入れる / ～を着る、身につける / （機械など）を作動させる

Vous **mettez** la table ici. 君たちテーブルをここに置いて。
ヴ メテ ラ ターブル イスィ

Je **mets** du sucre dans mon café. 私はコーヒーに砂糖を入れます。
ジュ メ デュ シュークる ドン モン カフェ

Qu'est-ce que tu **mets** pour la soirée ? 君は夜のパーティに何を着るの？
ケ ス ク テュ メ プーる ラ ソワれ

Elle **met** un chapeau. 彼女は帽子をかぶります。
エル メ アン シャポー

On **met** la télé ? 私たち、テレビをつける？
オン メ ラ テレ

練習3 faire または mettre の直説法現在の活用形を書き、日本語に対応するフランス語の文を完成しましょう。 112

1) Mon grand frère ne .... pas de sport. 私の兄はスポーツをしません。
2) On .... les courses pour le diner ? 夕食のために買い物しようか？
3) Je ne .... pas de lait dans mon café 私はコーヒーにミルクは入れません。
4) Tu .... du piano ? 君はピアノを弾く？
5) Vous .... ces verres sur la table. このグラスをテーブルの上においてください。

À vous! 「家族の写真」を見せて、やりとりしています。モデルを繰り返し音読しましょう。慣れてきたら、下線部を別の言葉に入れ替えて練習しましょう。 113

A : Qu'est-ce que c'est ? ケ ス ク セ	これはなんですか？
B : C'est une photo de <u>ma famille</u> ①. セチュヌ フォト ドゥ マ ファミーユ	私の家族の写真です。
A : Ah bon. Qui est-ce ? ア ボン キ エ ス	そうなの。これは誰？
B : C'est <u>ma petite sœur</u> ②. セ マ プティットゥ スーる	私の妹です。
A : Qu'est-ce qu'elle fait ? ケ ス ケル フェ	彼女は何をしているの？
B : Elle est <u>pâtissière</u> ③. エレ パティシエーる	パティシエです。

① mes ami(e)s 私の友人たち

② mon grand-père 私の祖父 ＊主語人称代名詞は il
モン グろン ペーる

ma grand-mère 私の祖母
マ グろン メーる

③ cuisinier 男 cuisinière 女 料理人 / vendeur 男 vendeuse 女 店員
キュイズィニエ キュイズィニエーる ヴォンドゥーる ヴォンドゥーズ

étudiant(e) 学生 / salarié(e) サラリーマン / retraité(e) 年金暮らしの人
エテュディヨン（トゥ） サラリエ るトゥれッテ

médecin 医者 / professeur(e) 先生
メドゥサン プろフェッスーる

練習3 1)Mon grand frère ne <u>fait</u> pas de sport. ［…スポーる］ 2) On <u>fait</u> les courses pour le diner ? 3) Je ne <u>mets</u> pas de lait... 4) Tu <u>fais</u> du piano ? ［…ピアノ］ 5) Vous <u>mettez</u> ces verres sur la table. ［…セ ヴェーる スューる ラターブる］

Leçon 7

Où est-ce que vous allez ?

ウ　エ　ス　ク　ヴザレ

114

– Je vais au cinéma.

ジュ　ヴェ　オ　スィネマ

あなたはどこに行くのですか？
ー 私は映画館に行きます。

この課でできるようになること

行く場所、これからすることを伝える
ホテルの部屋を予約する

aller の直説法現在　前置詞 à と定冠詞 le, les の縮約
近接未来　疑問副詞　partir の直説法現在

1 aller の直説法現在

115

aller (行く) アレ	
je vais ジュ ヴェ	**nous allons** ヌザロン
tu vas テュ ヴァ	**vous allez** ヴザレ
il va イル ヴァ	**ils vont** イル ヴォン
elle va エル ヴァ	**elles vont** エル ヴォン

ここがポイント！

原形（不定詞）と nous, vous の活用は all... ではじまりますが、それ以外の人称では v... ではじまります。nous と vous の活用ではリエゾンします。

aller の使い方

〈 aller + à + 名詞 〉：～へ行く

＊前置詞 à は、ここでは場所を示して「～へ」の意味です。

Je **vais** à Paris. 私はパリに行きます。
ジュ ヴェ ア パリ

〈 aller bien 〉：元気である

Vous **allez** bien ? お元気ですか？
ヴザレ ビヤン

– Oui, je **vais** bien, merci. －はい、元気です、どうも。
ウィ ジュ ヴェ ビヤン メるスィ

2 前置詞 à と定冠詞 le / les の縮約形 au / aux

116

「～へ行く」を表現するとき、動詞 aller「行く」のあとに場所を表す前置詞 à が必要です。この à につづく名詞に定冠詞 le または les がつくとき、次の規則になります。

Je vais **au** cinéma. 私は映画館に行きます。 ← cinéma 男
ジュ ヴェ オ シネマ

~~à le~~ cinéma

★前置詞 à につづく男性名詞単数に定冠詞 le がつくとき à le は1語に縮約した **au** を用います。

Je vais **à la** gare. 私は駅に行きます。 ← gare 女
ジュ ヴェ ア ラ ガーる

★女性名詞単数に定冠詞 la がつくとき **à la** はそのままです。

Je vais **à l'**hôtel. 私はホテルに行きます。← hôtel 男
ジュ ヴェ ア ロテル

Je vais **à l'**école. 私は学校に行きます。 ← école 女
ジュ ヴェ ア レコル

★母音、無音の h ではじまる単数名詞につける定冠詞は男性名詞も女性名詞もエリジヨンして l'です。**à l'** のときもそのままです。

Je vais **aux** toilettes. 私はトイレに行きます。 ← toilettes 女 複
ジュ ヴェ オ トワレットゥ

~~à les~~ toilettes

★前置詞 à につづく複数名詞に定冠詞 les がつくとき、à les は1語に縮約した **aux** を用います。トイレは複数名詞で使います。

国名と前置詞（1）

117

女性名詞単数の国名は、à la を使わないで **en** を用います。

Je vais **en** France. 私はフランスに行きます。← France 女 国名
ジュ ヴェ オン フろンス

男性名詞単数の国名は **au**（~~à le~~）を用います。

Il va **au** Japon. 彼は日本へ行く。← Japon 男
イル ヴァ オ ジャポン

複数名詞の国名には **aux**（~~à les~~）を用います。

Il va **aux** États-Unis. 彼はアメリカ合衆国に行く。← États-Unis 男 複
イル ヴァ オゼタズユニ

前置詞 à の意味

118

前置詞 à は場所や時刻を示して「〜へ / 〜で / 〜に」のほかに、「〜の入った」の意味でも使います。

un café **au** (~~à le~~) lait カフェオレ　　un pain **aux** (~~à les~~) raisins ぶどうパン
アン カフェ オ レ　　アン パン オ れザン

練習1 前置詞 à と定冠詞の正しい形を書きましょう。

119

1）Un thé .... citron 男, s'il vous plait. レモンティーを 1 つください。
2）Nous allons .... Philippines 女 複. 私たちはフィリピンに行きます。
3）Un sandwich .... jambon 男, s'il vous plait. ハムサンドを 1 つください。

3 近接未来

aller + 不定詞　これから〜する

【用法】

120

1. 近い未来の事柄を伝えます。「これから〜する」

Je **vais rentrer** à la maison. 私はこれから帰宅します。
ジュ ヴェ ろントゥれ ア ラ メゾン

★〈 aller + 不定詞 〉は、「〜しに行く」の意味でも用います。

Je **vais chercher*** mes parents à la gare. 私は駅に両親を迎えに行きます。
ジュ ヴェ シェるシェ メ パろン ア ラ ガーる

* chercher「探す」は〈aller chercher ＋人〉では「人を迎えに行く」の意味で使います。

練習 1　1）Un thé au citron, ... ［アンテ オスィトゥろン］　2）Nous allons aux Philippines［…オフィリピヌ］.　3）Un sandwich au jambon, ...［アンソンドウィッチ オジョンボン］

2. 2人称で用いると軽い命令のニュアンスを伝えます。

Tu **vas mettre** ton manteau. コートを着るのよ。
テュ　ヴァ　メトゥる　トン　モントー

練習2 直説法現在の文を近接未来の文にしましょう。 121

1) Je travaille.

→ .... これから仕事をするわ。

2) Nous arrivons en France.

→ .... まもなくフランスに着きます。

3) Vous écoutez votre professeur.

→ .... 君たち、先生の言うことを聞くんですよ。

4) Ils font les courses.

→ .... 彼らはこれから買い物をします。

5) Le musée ferme.

→ .... 美術館はまもなく閉館します。

4 疑問副詞

「どこへ」「いつ」などをたずねる疑問詞です。

疑問副詞を用いた文では主語と動詞を次の語順にします。

1. 主語と動詞を倒置する。

疑問副詞 + 動詞 + 主語 ?

★主語が人称代名詞のとき、動詞と主語人称代名詞の間にハイフンを入れます。

2. est-ce que のあとに主語、動詞を置く。

疑問副詞 + est-ce que + 主語 + 動詞 ?

3. 主語、動詞のあとに置く。

主語 + 動詞 + 疑問副詞 ?

練習2　1) Je vais travailler.　2) Nous allons arriver en France.　3) Vous allez écouter votre professeur.　4) Ils vont faire les courses.　5) Le musée va fermer.

où どこへ、どこに

122

Où habitez-vous ? あなたはどこに住んでいますか？
ウ　アビテ　ヴ

Où est-ce que vous habitez ?
ウ　エ　ス　ク　ヴザビテ

Vous habitez **où** ?（くだけた言い方）

quand いつ

Quand partez*-vous ? あなたはいつ出発しますか？
コン　パるテ　ヴ

＊ partir（p.69）

Quand est-ce que vous partez ?
コンテ　ス　ク　ヴ　パるテ

Vous partez **quand** ?（くだけた言い方）

comment どのように、どのような

Comment allez-vous à Marseille ? マルセイユにはどうやって行きますか？
コモン　アレ　ヴ　ア　マるセイユ

★ Comment allez-vous ? は、「ごきげんいかがですか」の意味では［コモンタレヴ］と発音します。

Comment est-ce que vous allez à Marseille ?
コモン　エ　ス　ク　ヴザレ　ア　マるセイユ

Comment est★ votre professeur de français ?
コモン　エ　ヴォトゥる　プろフェスーる　ドゥ　フろンセ

君たちのフランス語の先生はどんな人ですか。

★ votre professeur de français がこの文の主語です。動詞 être はこの主語（男単）に対応する il「彼は」の活用形です。

combien どれだけ　〈 **combien de + 無冠詞名詞** 〉 どれだけの

Combien coute★ cette voiture ? この自動車はいくらですか？
コンビヤン　クートゥ　セットゥ　ヴォワテューる

★ cette voiture がこの文の主語です。動詞 couter「値段が～する」はこの主語（女単）に対応する elle「それは」の活用形です。新綴り字です。

Combien de pommes★ voulez-vous ? いくつリンゴが欲しいですか？
コンビヤン　ドゥ　ポム　ヴレ　ヴ

★数える名詞は複数形にします。

pourquoi なぜ

Pourquoi aimez-vous les chiens ? なぜ犬が好きですか？
プるコワ　エメ　ヴ　レ　シヤン

Pourquoi vous aimez★ les chiens ?
プるコワ　ヴゼメ　レ　シャン

★〈pourquoi + 主語 + 動詞〉の語順はよく使われます。

練習3 日本語に対応する疑問副詞を書きましょう。 123

1) .... vas-tu ? 元気ですか。
2) .... travaillez-vous ? どこで働いていますか。
3) .... d'oranges voulez-vous ? オレンジはいくついりますか。
4) Tu rentres .... ? 帰ってくるのいつ？
5) .... elle est en retard* ? なぜ彼女は遅れているのですか。

＊ en retard：遅れて

5 partir の直説法現在

124

partir（出発する）パるティーる	
je pars ジュ パーる	nous partons ヌ パるトン
tu pars テュ パーる	vous partez ヴ パるテ
il part イル パーる	ils partent イル パるトゥ
elle part エル パーる	elles partent エル パるトゥ

partir の使い方

〈partir pour ～〉：～へ向けて出発する

Il **part** pour les États-Unis. 彼はアメリカ合衆国へ向けて出発します。
イル パーる　プーる　レゼタズュニ

Il **part** aux États-Unis. 彼はアメリカ合衆国に出発します。
イル パーる　オゼタズュニ

Nous **partons** en vacances . 私たちはヴァカンスに出かけます。
ヌ　パるトン　オン　ヴァコンス

Mes parents **partent** en voyage. 私の両親は旅行に出かけます。
メ　パろン　パるトゥ　オン　ヴォワイヤージュ

練習3　1) Comment vas-tu ?　2) Où travaillez-vous ?　3) Combien d'oranges voulez-vous ?［コンビヤン ドろンジュ…］　4) Tu rentres quand ?［テュろントゥる コン］　5) Pourquoi elle est en retard ?［プるコワ エレ オンるターる］

sortir（外出する）、dormir（眠る）の活用も同型です。 125

sortir（外出する、～から出る）ソるティーる	
je sors ジュ ソーる	nous sortons ヌ ソるトン
tu sors テュ ソーる	vous sortez ヴ ソるテ
il sort イル ソーる	ils sortent イル ソるトゥ
elle sort エル ソーる	elles sortent エル ソるトゥ

dormir（眠る）ドるミーる	
je dors ジュ ドーる	nous dormons ヌ ドるモン
tu dors テュ ドーる	vous dormez ヴ ドるメ
il dort イル ドーる	ils dorment イル ドるム
elle dort エル ドーる	elles dorment エル ドるム

Tu **sors** ce soir ? 今晩、出かけるの？
テュ ソーる ス ソワーる

Les élèves **sortent** de* la classe. 生徒たちは教室から出ます。
レゼレーヴ ソるトゥ ドゥ ラ クラス

＊ sortir de ～：～から出る

Vous **dormez** bien ? よく眠れていますか？
ヴ ドるメ ビヤン

À vous!

1）「あいさつ」のやりとりです。モデルを繰り返し音読しましょう。 126

A : Bonjour, monsieur①. こんにちは、（男性に）ムッシュー。
ボンジューる ムッシュー

Comment allez-vous ? ごきげんいかがですか？
コモンタレ ヴ

B : Je vais bien, merci. Et vous ? 元気です、どうも。あなたは？
ジュ ヴェ ビヤン メるスィ エ ヴ

A : Très bien, merci. とても元気です、どうも。
トゥれ ビヤン メるスィ

①（女性に）madame
マダム

A : Salut ! Comment ça va ? あら、元気？ 127
サリュ コモン サ ヴァ

B : Ça va bien. Et toi ? 元気だよ。君は？
サ ヴァ ビヤン エ トワ

A : Pas mal. まあまあよ。
パ マル

2）ホテルの受付で部屋を予約します。モデルを繰り返し音読しましょう。
慣れてきたら下線部を別の語に入れ替えて練習しましょう。 128

La cliente* : Bonjour. Est-ce que vous avez une chambre * pour
ボンジューる エ ス ク ヴザヴェ ユヌ ションブる プーる
<u>deux personnes</u>*① ?
ドゥ ぺるソンヌ

Le réceptionniste* : Pour combien de nuits* ?
プーる コンビヤン ドゥ ニュイ

La cliente : Pour <u>deux nuits</u>② .
プーる ドゥ ニュイ

Le réceptionniste : Vous voulez une chambre avec douche* ou
ヴ ヴレ ユヌ ションブる アヴェック ドゥーシュ ウ
avec bain * ?
アヴェック バン

La cliente : Avec bain, s'il vous plait.
アヴェック バン シル ヴ プレ

Le réceptionniste : Très bien. Votre chambre, c'est la 306* .
トゥれ ビヤン ヴォトゥる ションブる セ ラ トゥろワソンスィス
Voici la clé * .
ヴォワスィ ラ クレ

La cliente : Merci, beaucoup.
メるスィ ボクー

Le réceptionniste : Bon séjour* .
ボン セジューる

＊ client 男 cliente 女 : 客　chambre 女 : 部屋　personne 女 : 人
réceptionniste 男 女 : フロント係　nuit 女 : 宿泊、夜　douche 女 : シャワー
bain 男 : 風呂　306 : 数詞（p.22, 96）　clé 女 : 鍵　séjour 男 : 滞在

客　　　　：こんにちは。２人用のお部屋はありますか？
フロント係：何泊のご予定ですか？
客　　　　：２泊です。
フロント係：シャワー付きがよろしいですか、それとも浴室付ですか？
客　　　　：浴室付でお願いします。
フロント係：わかりました。お部屋は 306 号室です。こちらが鍵です。
客　　　　：ありがとうございます。
フロント係：よいご滞在を。

① une personne 1人
ユヌ ぺるソンヌ

② une nuit 1泊 / trois nuits 3泊
ユヌ ニュイ トゥろワ ニュイ

Leçon 8

D'où venez-vous ?
ドゥ　ヴネ　ヴ

– Je viens du Japon.
ジュ　ヴィヤン　デュ　ジャポン

あなたはどちらからいらしていますか？
ー 私は日本から来ています。

この課でできるようになること

出身地を伝える　少し前にしたことを伝える
買いたい品物を伝える

venir の直説法現在　前置詞 de と定冠詞 le, les の縮約
近接過去　指示代名詞　命令法　prendre の直説法現在

129

1 venir の直説法現在

130

venir（来る）
ヴニーる

je viens ジュ ヴィヤン	**nous venons** ヌ ヴノン
tu viens テュ ヴィヤン	**vous venez** ヴ ヴネ
il vient イル ヴィヤン	**ils viennent** イル ヴィエンヌ
elle vient エル ヴィヤン	**elles viennent** エル ヴィエンヌ

revenir（戻る）、devenir（〜になる）の活用も同型。

venir の使い方

〈 venir à ＋名詞 〉：〜へ来る

Il **vient** à Paris. 彼はパリに来ます。
イル ヴィヤン ア パリ

〈 venir de* ＋名詞〉：〜から来る、〜の出身である

＊ 前置詞 de はここでは「〜から」の意味。

D'où **venez**-vous ? どこからいらしてますか？ / どちらの出身ですか？
ドゥ ヴネ ヴ

★前置詞 de「〜から」の次に où「どこ」がつづくので de は母音ではじまる où の前でエリジヨンして d'où「どこから」となる。

– Je **viens** de Tokyo. —私は東京から来ています。/ 東京の出身です。
ジュ ヴィヤン ドゥ トキョ

2 前置詞 de と定冠詞 le / les の縮約形 du / des

rentrer は「〜から戻る、帰る」の意味では、動詞のあとに**前置詞 de「〜から」**が必要です。この de につづく名詞に定冠詞 le または les がつくとき、次の規則になります。

Il rentre **du** bureau. 彼はオフィスから戻ってきます。← bureau 男
イル ろントゥる デュ ビュろ
~~de le~~ bureau

★前置詞 de につづく男性名詞単数に定冠詞 le がつくとき、de le は 1 語に縮約した **du** を用います。

Il rentre **de la** salle de gym. 彼はジムから戻ってきます。
イル ろントゥる ドゥ ラ サル ドゥ ジム

★女性名詞単数に定冠詞がつくとき、**de la** はそのままです。

Il rentre **de l'**hôpital. 彼は病院から帰ります。← hôpital 男
イル ろントゥる ドゥ ロピタル

Elle rentre **de l'**école. 彼女は学校から帰ります。← école 女
エル ろントゥる ドゥ レコル

★母音、無音の h ではじまる単数名詞につける定冠詞は男性名詞も女性名詞もエリジヨンして l' です。**de l'** のときもそのままです。

Il rentre **des** courses. 彼は買物から帰ってきます。← courses 女 複
イル ろントゥる デ クるス
~~de les~~ courses

★前置詞 de につづく複数名詞に定冠詞 les がつくとき、de les は 1 語に縮約した **des** を用います。

国名と前置詞（2）

132

女性名詞単数の国名は、de が「～から」の意味のとき de la, de l' ではなく **de / d'** だけになります。

Il rentre **de** France. 彼はフランスから戻る。← France 女 国名
イル ろントゥる ドゥ フろンス

Il rentre **d'**Angleterre. 彼はイギリスから戻る。← Angleterre 女 国名
イル ろントゥる ドングルテーる

男性名詞単数の国名は **du**（~~de le~~）を用います。

Il rentre **du** Japon. 彼は日本から戻る。← Japon 男
イル ろントゥる デュ ジャポン

複数名詞の国名にも **des**（~~de les~~）を用います。

Il rentre **des** États-Unis. 彼はアメリカ合衆国から戻る。← États-Unis 男 複
イル ろントゥる デゼタズュニ

前置詞 de の意味

133

前置詞 de は「～から」の意味のほかに、「～の」の意味で使います。

Tokyo est la capitale **du** (~~de le~~) Japon.
トキョ エ ラ キャピタル デュ ジャポン
東京は日本の首都です。

Washington D.C. est la capitale **des** (~~de les~~) États-Unis.
ワシントン ディシ エ ラ キャピタル デゼタ ズュニ
ワシントン DC はアメリカ合衆国の首都です。

Paris est la capitale **de** la* France.
パリ エ ラ キャピタル ドゥ ラ フろンス
パリはフランスの首都です。

* de が「～の」の意味では la はそのままです。

練習1 前置詞 de と定冠詞の正しい形を書きましょう。

134

1) Je viens .... Japon 男. 私は日本の出身です。
2) Il revient .... États-Unis 男 複. 彼はアメリカ合衆国から戻ります。
3) C'est le plan .... métro 男. これは地下鉄の路線図です。
4) C'est la saison .... pluies 女 複. 梅雨（雨の季節）です。

練習 1　1) Je viens <u>du</u> Japon.　2) Il revient <u>des</u> États-Unis.　3) C'est le plan <u>du</u> métro. ［セ ル プロン デュ メトゥろ］　4) C'est la saison <u>des</u> pluies. ［セ ラ セゾン デ プリュイ］

3 近接過去

venir de (d') + 不定詞　～したところである

【用法】

135

近い過去の事柄を伝えます。

Le train **vient de** partir. 列車は出発したところです。
ル　トゥらン　ヴィヤン　ドゥ　パるティーる

練習2 直説法現在の文を近接過去の文にしましょう。 136

1) Je finis mes examens.

→ .... 私は試験を終えたところです。

2) Nous arrivons en France.

→ .... 私たちはフランスに到着したところです。

3) Les enfants dorment.

→ .... 子供たちは眠ったところです。

4) Le film commence.

→ .... 映画は始まったばかりです。

5) Vous revenez de France ?

→ .... あなたはフランスから戻ったばかりですか？

4 指示代名詞

137

すでにでている名詞の代わりとなり、「～のそれ」を表します。代わりとなる名詞の性・数に一致する形を用います。

	男性	女性
単数	**celui** スリュイ	**celle** セル
複数	**ceux** スー	**celles** セル

練習2　1) Je viens de finir mes examens. […メゼグザマン]　2) Nous venons d'arriver en France.　＊ de のエリジヨンに注意。　3) Les enfants viennent de dormir.　4) Le film vient de commencer. […コモンセ]　5) Vous venez de revenir de France ?

【用法】 138

1. de のあとに新しい情報を加えて用います。

C'est votre sac ? これはあなたのバッグですか？
セ ヴォトゥる サック

– Non, c'est **celui de** Sophie. —いいえ、それはソフィのもの（バッグ）です。
ノン セ スリュイ ドゥ ソフィ
le sac de Sophie

2. -ci, -là をつけて 2 つのものを区別する。

Voici deux robes blanches. Vous préférez **celle-ci** ou **celle-là** ?
ヴォワスィ ドゥ ろブ ブロンシュ ヴ プれフェれ セル スィ ウ セル ラ
cette robe-ci *cette robe-là*

こちらに白いドレスが 2 枚ございます。あなたはこちらの方がお好きですか、それともこちらの方ですか。

練習3 指示代名詞を書いて対話を完成しましょう。 139

1) C'est ta voiture ? – Non, c'est ________ de mon père.

これは君の車なの？ — いいえ、父のものです。

2) Quelles chaussures est-ce que tu veux, ________-ci ou ________ -là ?

君はどの靴が欲しいの、こっちそれともこっち？

3) Ce stylo est à qui ? – C'est ________ de Thomas.

このペンは誰のものですか。 — それはトマのものです。

5 命令法

「〜しなさい」のように相手に命令の意味を伝える動詞の形です。

肯定命令 140

	faire	écouter	être	avoir
tu で話す相手に	**fais** フェ	**écoute**★ エクートゥ	**sois** ソワ	**aie** エ
nous に対して	**faisons** フゾン	**écoutons** エクトン	**soyons** ソワイヨン	**ayons** エイヨン
vous で話す相手に	**faites** フェットゥ	**écoutez** エクテ	**soyez** ソワイエ	**ayez** エイエ

tu で話す相手には **tu** の直説法現在の活用形から、**vous** で話す相手には **vous** の活用形から、それぞれ主語をとって作ります。

tu écoutes → **Écoute** ! 聞きなさい！
★ tu の命令形は現在形の活用語尾が -es, -as で終わるとき、s をとります。
vous écoutez → **Écoutez** ! 聞いて（ください）！

フランス語では、**nous の活用形の主語をとったもの**も命令形の扱いです。相手に命令すると同時に自分も加わって**「〜しましょう」の意味**で用います。英語の let's に相当します。

nous écoutons → **Écoutons** ! 聞きましょう！

être と avoir の命令形は直説法現在の活用形から作りません。特殊なスペルです。

141

Tu es gentil. → **Sois** gentil. 優しくしてね。
テュ エ ジョンティ　　ソワ ジョンティ

Nous avons du courage. → **Ayons** du courage. 勇気をもとう。
ヌザヴォン デュ クらージュ　　エイヨン デュ クらージュ

否定命令

142

否定命令は否定文の主語をとった形です。

Ne fais **pas** de bruit.（Tu ne fais pas de bruit.）音を立てないで。
ヌ フェ パ ドゥ ブりゅイ

N'ayez **pas** peur*.（Vous n'avez pas peur.）怖がらないで（ください）
ネイエ パ プーる
＊ avoir peur：怖い

練習4 命令形にしましょう。

143

1）Tu regardes bien.
→ .... しっかり見て。

2）Nous commençons.
→ .... 始めましょう。

練習3　1）C'est ta voiture ? – Non, c'est celle de mon père. ＊ ta は女性名詞単数に用いる所有形容詞なので voiture は女性名詞単数。　2）Quelles chaussures est-ce que tu veux, celles-ci ou celles-là ? ＊疑問形容詞 quelles は女性複数の形なので chaussures は女性名詞複数。「靴」は複数名詞で使います。　3）Ce stylo est à qui ? – C'est celui de Thomas. ＊ ce は男性名詞単数に用いる指示形容詞なので stylo は男性名詞単数。

3) Vous faites attention aux voitures.

→ .... 車に気をつけて（ください）。

4) Vous venez vite.

→ .... 早く来て（ください）。

6 prendre の直説法現在

144

prendre（とる、食べる、飲む、乗る、買う）プろンドゥる	
je prends ジュ プろン	**nous prenons** ヌ プるノン
tu prends テュ プろン	**vous prenez** ヴ プるネ
il prend イル プろン	**ils prennent** イル プれンヌ
elle prend エル プろン	**elles prennent** エル プれンヌ

prendre の使い方

〈 prendre + 名詞 〉：～をとる、～を食べる、～を飲む、～に乗る、～を買う

Je **prends** un steak frites. 私はステーキのフライドポテト添えをとります。
ジュ プろン アン ステック フりっトゥ

Prenons un taxi. タクシーに乗ろう。
プるノン アン タクシ

145

comprendre［コンプろンドル］（理解する）、apprendre［アプろンドル］（習う）の活用も同型です。

Je ne **comprends** pas bien. よくわかりません。
ジュ ヌ コンプろン パ ビヤン

Elles **apprennent** le français. 彼女たちはフランス語を習っています。
エルザプれンヌ ル フろンセ

練習4　1) Regarde bien.　2) Commençons. ＊ -er 規則動詞 commencer は nous の活用形の c の文字にセディーユをつけて［コモンソン］と発音する。　3) Faites attention aux voitures.［フェットゥ アトンスィヨン オ ヴォワテューる］　4) Venez vite.［ヴネ ヴィットゥ］

À vous! お店で品物を買います。モデルを繰り返し音読しましょう。慣れてきたら下線部を別の語に入れ替えて練習しましょう。 146

Le client : Bonjour. Je cherche <u>une cravate</u>*①.
ボンジューる ジュ シェるシュ ユヌ クらヴァットゥ

La vendeuse : De quelle couleur* ?
ドゥ ケル クルーる

Le client : Bleue.
ブル

La vendeuse : Voici deux cravates bleues. <u>Celle-ci</u>② est en* soie*, <u>celle-là</u>② est en* coton*.
ヴォワスィ ドゥ クらヴァットゥ ブル セル スィ エトン ソワ セル ラ エトン コトン

Le client : Je préfère la soie. Je prends alors* <u>celle-ci</u>②. <u>Elle</u>③ coute combien ?
ジュ プれフェーる ラ ソワ ジュ プろン アロる セル スィ エル クートゥ コンビヤン

La vendeuse : 45 (quarante-cinq) euros.
カろントゥ サンクーろ

* cravate 女 : ネクタイ　couleur 女 : 色　en ~ :（素材を表して）～でできた
soie 女 : 絹　coton 男 : 綿　alors: だから、それで

客　：こんにちは。ネクタイを探しています。
店員：何色ですか？
客　：ブルーです。
店員：こちらにブルーのネクタイが２本ございます。こちらは絹製でこちらは綿でできています。
客　：私は絹の方が好きです。だからこちらを買います。おいくらですか？
店員：45 ユーロです。

① un foulard スカーフ
アン フラーる

②スカーフは男性名詞なので celui-ci, celui-là, celui-ci
スリュイ スィ スリュイ ラ スリュイ スィ

③スカーフは男性名詞なので Il coute combien ?
イル クートゥ コンビヤン

次の言い方も可能。Ça coute combien ? / C'est combien ?
サ クートゥ コンビヤン セ コンビヤン

Leçon 9

Où est-ce que je t'attends ? 147
ウ エ ス ク ジュ タトン

– Tu m'attends à la gare.
テュ マトン ア ラ ガーる

どこで君を待つ？
ー 駅で私を待っていて。

この課でできるようになること

代名詞を使ってやりとりする（1）　簡単なメールを書く

connaitre の直説法現在　attendre の直説法現在
直接目的語人称代名詞　voir の直説法現在

1 connaitre の直説法現在 148

connaitre（知っている）
コネートゥる

je connais ジュ コネ	**nous connaissons** ヌ コネソン
tu connais テュ コネ	**vous connaissez** ヴ コネセ
il connait イル コネ	**ils connaissent** イル コネッス
elle connait エル コネ	**elles connaissent** エル コネッス

従来の綴りは connaître connaît, 新綴り字ではアクサン・シルコンフレックスをつけません。

connaitre の使い方

〈connaitre + 名詞〉：（見たり、聞いたりして人や場所などを）知っている

Connaissez-vous M. et Mme* Martin ? マルタン夫妻をご存知ですか。
コネセ ヴ ムッシュー エ マダム マるタン

＊ monsieur et madame ~ : ～夫妻

2 attendre の直説法現在

149

attendre（待つ）
アトンドゥる

j'attends ジャトン	**nous attendons** ヌザトンドン
tu attends テュ アトン	**vous attendez** ヴザトンデ
il attend イラトン	**ils attendent** イルザトンドゥ
elle attend エラトン	**elles attendent** エルザトンドゥ

descendre［デソンドゥる］（降りる）、entendre［オントンドゥる］（聞こえる）、répondre［れポンドゥる］（答える）、vendre［ヴォンドゥる］（売る）の活用も同型。

attendre の使い方

〈 attendre + 名詞 〉：～を待つ

Ils **attendent** le train de 7 heures. 彼らは7時（発）の列車を待っています。
イルザトンドゥ ル トゥらン ドゥ セットゥーる

練習1 日本語に合うように直説法現在の活用形を書きましょう。 150

1）Je .... à la gare de Tokyo. 私は東京駅で降ります。
2）Vous .... des bruits ? 物音が聞こえますか？
3）Paul, ... à la question. ポール、質問に答えなさい。
4）Ici, on ne .... pas de billets. ここではチケットは売っていません。
5）Tu .... qui ? 誰を待っているの？
　– J'............ Émilie. ーエミリを待っているんだ。
6）Vous .... un bon restaurant près d'ici ?
　この近くでおいしいレストランを知っていますか？

練習1 1）Je descends［ジュ デソン］（je descends, tu descends, il / elle / on descend, nous descendons, vous descendez, ils / elles descendent） 2）Vous entendez［ヴゾトンデ］（j'entends, tu entends, il / elle / on entend, nous entendons, vous entendez, ils / elles entendent） 3）Paul, réponds［…れポン］ ＊ tu の活用形を命令形にする。（je réponds, tu réponds, il / elle / on répond, nous répondons, vous répondez, ils / elles répondent） 4）Ici, on ne vend pas［オン ヌ ヴォンパ］（je vends, tu vends, il / elle / on vend, nous vendons, vous vendez, ils / elles vendent） 5）Tu attends, J'attends 6）Vous connaissez

3 直接目的語の人称代名詞

直接目的語とは？（p.38 参照）

Je　connais　**madame Martin**.　私はマルタン夫人を知っています。
ジュ　コネ　マダム　マるタン
主語（S）　動詞（V）　直接目的語（COD = complément d'objet direct）

Ils　attendent　**le bus**.　彼らはバスを待っています。
イル　ザトンドゥ　ル　ビュス
主語（S）　動詞（V）　直接目的語（COD）

動詞（être を除く）のあとに前置詞を介さずに直接つづく名詞を直接目的語と呼びます。多くが「～を」に対応します。

直接目的語の人称代名詞とは？

直接目的語の名詞の代わりに用いる人称代名詞です。

「君はトマを知ってる？」と聞かれて、「はい、知ってるよ」と日本語では答えますが、フランス語では「はい、私は彼を知っている」と答えます。名詞「トマを」の代わりに用いる「彼を」にあたるのが直接目的語の人称代名詞です。

直接目的語人称代名詞の形

151

主語	je (j')	tu	il	elle	nous	vous	ils	elles
直接目的語	**me (m')** ム	**te (t')** トゥ	**le (l')** ル	**la (l')** ラ	**nous** ヌ	**vous** ヴ	**les** レ	
	私を	君を	彼を それを	彼女を それを	私たちを	あなたを あなた方を 君たちを	彼らを 彼女たちを それらを	

直接目的語人称代名詞の位置

直接目的語の人称代名詞は動詞の前に置きます。

me, te, le, la はエリジヨンしますから、母音、無音の h ではじまる動詞の前に置かれると **m', t', l', l'** になります。

Ils **nous** attendent devant le cinéma.　彼らは私たちを映画館の前で待っています。
イル　ヌザトンドゥ　ドゥヴォン　ル　スィネマ

Je **t'**aime.　あなたを愛しているわ。
ジュ テーム

le (l') / la (l') / les の使い方

人に用いると le (l')「彼を」、la (l')「彼女を」、les「彼らを、彼女たちを」の意味です。

Vous connaissez monsieur et madame Martin ? 152
ヴ コネセ ムッシュー エ マダム マるタン

– Oui, je **les** connais bien.
ウイ ジュ レ コネ ビヤン

(Oui, je connais monsieur et madame Martin.)

マルタン夫妻をご存知ですか。
— はい、彼らをよく知っています。

Où est-ce que tu attends Marc ?
ウ エ ス ク テュ アトン マるク

– Je **l'***attends* à la gare.
ジュ ラトン ア ラ ガーる

(J'attends Marc à la gare.)

＊「彼を」の le はエリジヨンして l'

君はどこでマルクを待つの。
— 私は彼を駅で待ちます。

ものに用いると「それを」「それらを」の意味です。

le (l') は男性名詞単数を、la (l') は女性名詞単数を、les は男性名詞複数、女性名詞複数の代わりになります。

Vous prenez ce pantalon ? 153
ヴ プるネ ス ポンタロン

– Oui, je **le** prends.
ウイ ジュ ル プろン

(Oui, je prends ce pantalon.)

このズボンをお買いになりますか？
— はい、それを買います。

Tu connais cette chanson ?
テュ コネ セットゥ ションソン

– Non, je *ne* **la** connais *pas*.
ノン ジュ ヌ ラ コネ パ

(Non, je *ne* connais *pas* cette chanson.)

あなたはこの歌を知ってる？
— いや、それを知らないよ。

★否定文では動詞の前にある直接目的語人称代名詞と動詞をまとめて ne と pas ではさみます。

練習2 質問に直接目的語の人称代名詞を用いて答えましょう。 154

1) Allô, vous m'entendez ?
– Oui, je .... entends très bien.
もしもし、私の声が聞こえますか？
—ええ、とてもよく聞こえます。

2) Allô, tu m'entends ?
– Non, je ne .... entends pas très bien.
もしもし、私の声が聞こえる？
— いや、あまりよく聞こえない。

3) Où est ma clé ? Je ne .... trouve pas.
私の鍵、どこかしら？それ、見つからないの。

4) Où est-ce que nous mettons ce bureau ?
– Vous .... mettez à côté de la fenêtre.
この机をどこに置きますか？
—それを窓のそばに置いてください。

ここがポイント！

〈 pouvoir + 動詞 〉〈 vouloir + 動詞 〉〈 aller + 動詞 〉 のように動詞が複数あるとき、直接目的語人称代名詞の位置は次のようになります。

代名詞に代える名詞が直接目的語になる動詞の前に置きます。 155

Est-ce que je <u>peux prendre</u> *ton vélo* ?　君の自転車、使っていい？
エ ス ク ジュ プ プろンドゥる トン ヴェロ

– Oui, tu <u>peux</u> **le** <u>prendre</u>.　— うん、使っていいわよ。
ウィ テュ プ ル プろンドゥる

★ ton vélo は prendre の直接目的語です。pouvoir「〜できる」の直接目的語ではありません。

練習 2　1) Oui, je <u>vous</u> entends très bien. ［ジュヴゾントン トゥれビヤン］＊〈entendre + 人〉: その人（の声）が聞こえる　2) Non, je ne <u>t</u>'entends pas très bien. ［…ジュヌ トントンパ …］　3) Je ne <u>la</u> trouve pas. ［ジュヌラ トゥるーヴ パ …］＊ clé は女性名詞単数なので「それを」は la　4) Vous <u>le</u> mettez à côté de la fenêtre. ［ヴルメテ アコテドゥラフネートゥる］
＊ bureau は男性名詞単数なので「それを」は le

練習3 直接目的語の人称代名詞を書き、文を完成しましょう。 156

1) Tu connais le Mont Saint-Michel ?
– Non, je ne .... connais pas. Mais cet été, je vais .... visiter.
あなたはモン＝サン=ミッシェルを知ってる？
—いや、知らない。でもこの夏、訪れるんだ。

2) Tu peux .... aider ?
私を手伝ってくれる？

3) Quand est-ce que vous finissez votre travail ?
– Nous voulons .... finir avant 17 heures.
君たちはいつ仕事が終わるのかな？
—5 時までに終わらせたいです。

命令文における直接目的語人称代名詞の位置

157

肯定命令文

動詞のあとにハイフンをつけて置きます。me は **moi** に変えます。

Je peux prendre *ton stylo* ?　君のペンを使っていい？
ジュ プ プろンドゥる トン スティロ

– Oui, prends-**le**.　—ええ、それを使って。
ウイ プろン ル

Je t'attends où ?　君をどこで待つ？
ジュ タトン ウ

– Attends-**moi** dans le café.　—カフェの中で私を待っていて。
アトン モワ ドン ル カフェ

否定命令文

否定文の位置と同じく、動詞の前です。

– Ne **nous** attends pas. (Tu ne *nous* attends pas.)
ヌ ヌザトン パ
私たちを待たないで。

練習 3　1) Non, je ne le connais pas. Mais cet été, je vais le visiter. ［メ セッテテ ジュヴェルヴィジテ］　2) Tu peux m'aider ? ［テュプ メデ］　3) Nous voulons le finir avant 17 heures. ［ヌヴロン ルフィニーる アヴォン ディセットゥーる］

4 voir の直説法現在

158

voir (見える、会う、見る、わかる)
ヴォワーる

je vois ジュ ヴォワ	**nous voyons** ヌ ヴォワイヨン
tu vois テュ ヴォワ	**vous voyez** ヴ ヴォワイエ
il voit イル ヴォワ	**ils voient** イル ヴォワ
elle voit エル ヴォワ	**elles voient** エル ヴォワ

voir の使い方

〈 voir + 名詞 〉：〜が見える、〜に会う、〜を見る、わかる

On **voit** bien le mont Blanc.
オン ヴォワ ビヤン ル モン ブロン
モンブラン（フランスとイタリアの国境に位置する西ヨーロッパの最高峰）がよく見えます。

Je vais **voir** Philippe et Didier ce soir.
ジュ ヴェ ヴォワーる フィリップ エ ディディエ ス ソワーる
今晩、フィリップとディディエに会うよ。

Je veux **voir** un film français. 私はフランス映画を見たい。
ジュ ヴ ヴォワーる アン フィルム フろンセ

Vous **voyez** ? おわかりですか？
ヴ ヴォワイエ

練習4 直接目的語の人称代名詞を書き、文を完成しましょう。 159

1) Oh, ton livre ! Ne .... oublie pas.
ほら君の本だ！ 忘れるなよ。

2) Pierre va arriver. Attendons-............ .
もうじきピエールが到着する。彼を待っていよう。

3) Tu vois ! Ils ont beaucoup de travail ! Aide-............ .
ほらね！ 彼らには仕事がたくさんあるんだ！ 彼らを手伝ってあげてくれ。

練習 4 1) Ne l'oublie pas. [ヌ ルーブリ パ] 2) Attendons-le. [アトンドン ル]
3) Aide-les. [エードゥ レ]

À vous! 友だちを家に招待するメール (courriel / e-mail 男) を書きましょう。 160

Bonjour Cécile,
ボンジューる セシル

Samedi, je t'invite à déjeuner* chez moi. Je veux te présenter* à
サムディ ジュ タンヴィットゥ ア デジュネ シェ モワ ジュ ヴ トゥ プれゾンテ ア

mes amis japonais. Ils veulent te voir et discuter* avec toi.
メザミ ジャポネ イル ヴル トゥ ヴォワーる エ ディスキュテ アヴェック トワ

Si* tu peux venir, attends-moi devant la station* Rambuteau* vers*
スィ テュ プ ヴニーる アトン モワ ドゥヴォン ラ スタスィオン ろンビュト ヴェーる

midi*.
ミディ

J'attends ta réponse*.
ジャトン タ れポンス

Amitiés*,
アミティエ

Saki

＊ déjeuner : 昼食をとる　présenter ~ : ～を紹介する　disucuter : 議論する
si : もし　station 女 : 地下鉄の駅　Rambuteau : パリ地下鉄 11 号線の駅名
vers : ～頃　midi 男 : 正午　réponse 女 : 返事
amitié 女 : 友情（複数形、友人宛の手紙の末尾で）友情を込めて

こんにちは、セシル、

今度の土曜日、あなたを私の家の昼食に招待します。日本人の友人にあなたを紹介したいの。彼らはあなたに会って、あなたとお話をしたがっています。もし来れるなら、お昼頃にランビュトーの駅の前で私を待ってて。あなたの返事を待っています。

友情を込めて
サキ

Leçon 10

Je vais voir Céline ce soir.
ジュ ヴェ ヴォワーる セリーヌ ス ソワーる

– Alors, dis-lui bonjour !
アローる ディ リュイ ボンジューる

161

今晩、セリーヌに会うの。
ー じゃあ、彼女によろしく言って！

この課でできるようになること

代名詞を使ってやりとりする（2）
天候について話す　料理の材料を伝える

offrir の直説法現在　dire の直説法現在　間接目的語人称代名詞
écrire の直説法現在

1 offrir の直説法現在

162

offrir（贈る）
オフリーる

j'offre ジョッフる	**nous offrons** ヌゾッフろン
tu offres テュ オッフる	**vous offrez** ヴゾッフれ
il offre イロッフる	**ils offrent** イルゾッフる
elle offre エロッフる	**elles offrent** エルゾッフる

ouvrir［ウーヴリーる］（開ける）も同型。

offrir の使い方

〈 offrir + 名詞 + à 人 〉：〜を人に贈る

À Noël, nous **offrons** un cadeau à nos enfants.
ア ノエル ヌゾッフろン アン カドー ア ノゾンフォン

クリスマスに、私たちは子供たちにプレゼントをあげます。

2 dire の直説法現在

(163)

dire（言う） ディーる	
je dis ジュ ディ	nous disons ヌ ディゾン
tu dis テュ ディ	vous dites ヴ ディットゥ
il dit イル ディ	ils disent イル ディーズ
elle dit エル ディ	elles disent エル ディーズ

dire の使い方

〈 dire + 名詞 + à + 人 〉：〜を人に言う

Il **dit** bonjour à tout le monde*. 彼はみんなに挨拶する。
イル ディ　ボンジューる　ア トゥー　ル　モンドゥ

＊ tout le monde : みんな

Qu'est-ce que ça veut **dire** ?
ケ　ス　ク　サ　ヴ　ディーる
それはどういう意味ですか（それは何を言いたいのか）？

練習1 日本語に合うように offrir, ouvrir, dire の直説法現在の活用形を書きましょう。

(164)

1) Comment ………… -on « Thank you » en français ?
フランス語で Thank you はどう言いますか？

2) ………… votre livre à la page 50*.　＊数詞（p.96）
あなた方の本の 50 ページを開けてください。

3) Qu'est-ce que tu ………… à ta mère pour la fête des mères ?
あなたは母の日に何をお母さんにプレゼントするの？

練習 1　1) Comment dit-on «Thank you » en français ? [コモンディトン…オンフろンセ]
2) Ouvrez votre livre à la page 50. [ウーヴれ ヴォートゥるリーヴる アラパージュ サンコントゥ]
＊所有形容詞 votre（あなたの / あなた方の / 君たちの）が使われているので、主語 vous に対する命令形にする。(j'ouvre, tu ouvres, il / elle / on ouvre, nous ouvrons, vous ouvrez, ils / elles ouvrent)　3) Qu'est-ce que tu offres à ta mère pour la fête des mères ? [ケスク テュオーフる アタメーる プーる ラフェットゥデメーる]

3 間接目的語の人称代名詞

間接目的語とは？

Je (ジュ) téléphone* (テレフォンヌ) **à** (ア) **Sophie** (ソフィ). 私はソフィに電話をします。

主語（s）　動詞（V）　間接目的語（COI = complément d'objet indirect）

動詞のあと (être を除く）に前置詞 **à** を介してつづく名詞を間接目的語と呼びます。多くが「〜に」に対応します。　＊ téléphoner à ~ : ~ に電話する

間接目的語の人称代名詞とは？

間接目的語の名詞の代わりに用いる人称代名詞です。

「君はソフィに電話をかける？」と聞かれて、「はい、かけるよ」と日本語では答えますが、フランス語では「はい、私は彼女にかけます」と答えます。「ソフィに」の代わりとなる「彼女に」にあたるのが間接目的語の人称代名詞です。

ここがポイント！

間接目的語の人称代名詞 を用いることができるのは、**à** につづく名詞が「人」を表すときです。

間接目的語人称代名詞の形

165

主語	je (j')	tu	il　elle	nous	vous	ils　elles
間接目的語	**me (m')** ム	**te (t')** トゥ	**lui** リュイ	**nous** ヌ	**vous** ヴ	**leur** ルーる
	私に	君に	彼に 彼女に	私たちに	あなたに あなた方に 君たちに	彼らに 彼女たちに

★ me (m'), te (t'), nous, vous は直接目的語の人称代名詞と同じ形です。

lui, leur の使い方

lui は「彼に」「彼女に」、**leur** は「彼らに」「彼女たちに」の意味で用います。

間接目的語人称代名詞の位置

直接目的語人称代名詞と同様、**動詞の前**に置きます。**me, te はエリジョン**しますから母音と無音の h ではじまる動詞の前では **m', t'** になります。

Quand est-ce que tu téléphones **à Sophie** ?
コンテ　ス　ク　テュ　テレフォンヌ　ア　ソフィ

– Je **lui** téléphone ce soir.
ジュ リュイ　テレフォンヌ　ス　ソワーる

君はいつソフィに電話するの。 – 今晩、彼女に電話するわ。

命令文における間接目的語人称代名詞の位置

166

肯定命令文：動詞のあとにハイフンをつけて置きます。**me は moi** に変えます。
否定命令文：動詞の前のままです。

Quand est-ce que je **te** téléphone ?
コンテ　ス　ク　ジュ トゥ　テレフォンヌ

– Téléphone-**moi** vers 19 heures.
テレフォンヌ　モワ　ヴェーる　ディズヌヴーる

– Ne **me** téléphone pas avant 19 heures.
ヌ　ム　テレフォンヌ　パ　アヴォン　ディズヌヴーる

君にいつ電話しようか。 – 夜の 7 時頃、私に電話して。 / – 夜の 7 時までは私に電話しないで。

練習2 間接目的語の人称代名詞を用いて文を完成しましょう。 167

1）Tu .... donnes ton adresse e-mail ?
君のメールアドレスをぼくに教えてくれる？

2）Vous .... téléphonez demain matin ?
明日の午前中に私たちに電話してくれますか？

3）Est-ce que je peux .... demander quelque chose ?
あなたにちょっとお聞きしてよろしいですか？

4）Passe -.................... le sel. 私に塩を取って。

5）Cette robe .... plait* beaucoup. 私、このドレスとても気に入っています。

練習 2　1）Tu <u>me</u> donnes ton adresse e-mail ?［…トゥナドれス イメル］ 2）Vous <u>nous</u> téléphonez demain matin ? 3）Est-ce que je peux <u>vous</u> demander... ? 4）Passe-moi le sel.［…パスモワ ルセル］ 5）Cette robe <u>me</u> plait beaucoup.［セットゥろーブ ムプレボクー］ * A plaire à B : A は B の気に入る〔plaire 直説法現在の活用形（新綴り字）: je plais, tu plais, il / elle / on plait, nous plaisons, vous plaisez, ils / elles plaisent〕

２つの目的語代名詞の併用

直接目的語と間接目的語の代名詞を同時に用いる時は次の語順で並べます。

主語（ne）	me te nous vous	le la les	lui leur	動詞（pas）

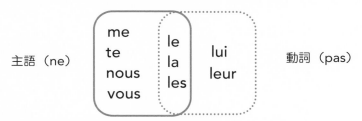

① **me, te, nous, vous のあとに le, la, les** をつづける語順 168

Je **te les** présente.　君に 彼らを 紹介します。
ジュ トゥ レ プれゾントゥ

② **le, la, les のあとに lui, leur** をつづける語順

Je **la lui** présente.　彼女を 彼（女）に 紹介します。
ジュ ラ リュイ プれゾントゥ

★ me, te, nous, vous と lui, leur は併用しません。lui, leur を〈 à ＋ 強勢形〉にして並べます。

Je te présente à lui [à elle / à eux / à elles].
ジュ トゥ プれゾントゥ アリュイ ア エル ア ウー ア エル

私は君を彼に（彼女に / 彼らに / 彼女たちに）紹介します。

否定命令では上記の表の語順ですが、**肯定命令**では〈 **動詞 – 直接目的語人称代名詞 – 間接目的語人称代名詞** 〉の語順です。

me は moi にします。

Ce sont des photos de mon voyage.
ス ソン デ フォト ドゥ モン ヴォワイヤージュ

– Montre-**les-moi**.
モントゥる レ モワ

私の旅行の写真です。— 私に それらを見せて。

練習3 直接目的語と間接目的語の代名詞を併用して答えましょう。 169

1) Tu peux me prêter ton vélo ?　– D'accord, je .... prête.
君の自転車をぼくに貸してくれる？　—いいわよ、貸すわ。

2) Ce sac à main est joli. Montrez-............-............, s'il vous plait.
そのハンドバッグが素敵です。私たちにそれを見せてください。

4 非人称構文

行為の主体を示さない主語を非人称主語と呼び、**il** で表します。この **il** を主語にする構文を非人称構文と呼びます。

1. 非人称主語 il の活用形しかもたない非人称動詞

170

pleuvoir ［プルヴォワーる］ 雨が降る

Il pleut tous les jours*. 毎日、雨が降っています。　＊ tous les jours : 毎日
イル プル トゥ レ ジューる

neiger ［ネジェ］ 雪が降る

Il ne **neige** pas dans cette région. この地方は雪が降りません。
イル ヌ ネージュ パ ドン セットゥ れジヨン

falloir + 名詞 ［ファロワーる］ 〜が必要である

Il faut un ticket pour entrer. 入るのにチケットが必要です。
イル フォ アン ティケ プーる オントゥれ

falloir + 不定詞 〜しなければならない

Il faut acheter nos billets d'avion. 私たちの航空券を買わなければなりません。
イル フォ アシュテ ノ ビィエ ダヴィヨン

2. faire, être, avoir, rester などの一般動詞で非人称構文をつくるもの

171

il fait 〜 天候を表す

Il fait beau. いいお天気です。
イル フェ ボー

il est 〜 時刻、仮の主語を表す

Il est huit heures. 8時です。
イレ ユイットゥーる

Il est interdit de stationner ici. ここに駐車するのは禁止です。
イレ アンテるディ ドゥ スタスィオネ イスィ

il y a 〜 〜があることを表す

Il y a des gens devant le magasin. 店の前に人々がいます。
イリヤ デ ジョン ドゥヴォン ル マガザン

il reste 〜 〜が残っていることを表す

Il reste encore du vin. まだワインが残っています。
イル れストゥ オンコーる デュ ヴァン

練習3　1) D'accord, je <u>te</u> <u>le</u> prête.　2) Montrez-<u>le</u>-<u>nous</u>, s'il vous plait.

練習4 非人称表現を用いて文を完成しましょう。 172

1) .... depuis ce matin.

朝から雨が降っています。

2) .... acheter du pain.

パンを買わなければなりません。

3) .... mauvais aujourd'hui.

きょうは天気が悪い。

5 écrire の直説法現在 173

écrire（書く） エクリーる	
j' écris ジェクリ	nous écrivons ヌゼクリヴォン
tu écris テュ エクリ	vous écrivez ヴゼクリヴェ
il écrit イレクリ	ils écrivent イルゼクリーヴ
elle écrit エレクリ	elles écrivent エルゼクリーヴ

écrire の使い方

〈 écrire + 名詞 〉：～を書く

Écrivez ici votre nom, s'il vous plait. ここにあなたの名前を書いてください。
エクリヴェ イスィ ヴォトゥる ノン シル ヴ プレ

〈 écrire + 名詞 + à + 人 〉：人に～を書く

Je vais **écrire** un mail à une amie française.
ジュ ヴェ エクリーる アン メル ア ユナミ フろンセーズ

私はこれからフランス人の友人にメールを書きます。

〈 écrire à + 人 〉：人に手紙を書く

J'**écris** à mes parents. 私は両親に手紙を書きます。
ジェクリ ア メ パろン

練習 4　1) Il pleut depuis ce matin. [イルプル ドゥピュイ スマタン]
2) Il faut acheter du pain. [イルフォアシュテ デュパン]
3) Il fait mauvais aujourd'hui. [イルフェモヴェ オージュるドュイ]

À vous!

1）天候について話しています。繰り返し音読しましょう。慣れてきたら下線部を別の表現に入れ替えて練習しましょう。 174

A : Quel temps fait-il ?
ケル トン フェティル

B : Il pleut. Il y a du vent①* aussi.
イル プル イリヤ デュ ヴォン オスィ

Il fait mauvais* depuis* une semaine.
イル フェ モヴェ ドゥピュイ ユヌ スメーヌ

＊ vent 男 : 風　mauvais : 悪い　depuis ～ : ～以来、～から

A : どんな天気ですか？
B : 雨が降っています。風も出ています。1週間前から天気が悪いです。

① Il fait beau. 天気がいい。/ Il fait chaud. 暑い。/ Il fait froid. 寒い。
ボ ショ フろワ

Il y a des nuages. 雲が出ている。/ Il y a une tempête. 嵐だ。
ニュアージュ ユヌ トンペットゥ

2）クレープの材料をたずね、答えています。やりとりを繰り返し音読しましょう。 175

A : Qu'est-ce qu'il faut pour faire des crêpes* ?
ケ ス キル フォ プーる フェーる デ クれップ

B : Il faut des œufs*, du lait, de la farine* et du sucre,
イル フォ デズー デュ レ ドゥ ラ ファリンヌ エ デュ シュークる

et il faut mettre un peu de beurre* et de sel.
エ イル フォ メットゥる アン プ ドゥ ブーる エ ドゥ セル

＊ crêpe 女 : クレープ　œuf 男 : 卵 ※単数 œuf の発音は［ウッフ］、複数 œufs は［ウー］
farine 女 : 小麦粉　beurre 男 : バター

A : クレープを作るのに何が必要ですか？
B : 卵と牛乳、小麦粉と砂糖が必要です、そして少しのバターと塩を入れなければなりません。

数詞（20 以上）

176

20 vingt
ヴァン

21 vingt-et-un (une)
ヴァンテアン（ユヌ）

22 vingt-deux
ヴァントゥドゥ

23 vingt-trois
ヴァントゥトゥろワ

24 vingt-quatre
ヴァントゥカトゥる

25 vingt-cinq
ヴァントゥサンク

26 vingt-six
ヴァントゥスィス

27 vingt-sept
ヴァントゥセットゥ

28 vingt-huit
ヴァントゥユイットゥ

29 vingt-neuf
ヴァントゥヌッフ

30 trente
トゥろントゥ

31 trente-et-un (une)
トゥろンテアン（ユヌ）

32 trente-deux
トゥろントゥドゥ

・

39 trente-neuf
トゥろントゥヌッフ

40 quarante
カろントゥ

41 quarante-et-un (une)
カろンテアン（ユヌ）

42 quarante-deux
カろントゥドゥ

・

49 quarante-neuf
カろントゥヌッフ

50 cinquante
サンコントゥ

51 cinquante-et-un (une)
サンコンテアン（ユヌ）

52 cinquante-deux
サンコントゥドゥ

・

59 cinquante-neuf
サンコントゥヌッフ

60 soixante
ソワソントゥ

61 soixante-et-un (une)
ソワソンテアン（ユヌ）

62 soixante-deux
ソワソントゥドゥ

・

69 soixante-neuf
ソワソントゥヌッフ

70 soixante-dix
ソワソントゥディス

71 soixante-et-onze
ソワソンテオンズ

72 soixante-douze
ソワソントゥドゥーズ

73 soixante-treize
ソワソントゥトゥれーズ

74 soixante-quatorze
ソワソントゥカトるズ

75 soixante-quinze
ソワソントゥキャーンズ

76 soixante-seize
ソワソントゥセーズ

77 soixante-dix-sept
ソワソントゥディセットゥ

78 soixante-dix-huit
ソワソントゥディズイットゥ

79 soixante-dix-neuf
ソワソントゥディズヌッフ

80 quatre-vingts
カトるヴァン

81 quatre-vingt-un (une)
カトるヴァンアン（ユヌ）

82 quatre-vingt-deux
カトるヴァンドゥ

83 quatre-vingt-trois
カトるヴァントゥろワ

84 quatre-vingt-quatre
カトるヴァンカトゥる

85 quatre-vingt-cinq
カトるヴァンサンク

86 quatre-vingt-six
カトるヴァンスィス

87 quatre-vingt-sept
カトるヴァンセットゥ

88 quatre-vingt-huit
カトるヴァンユイットゥ

89 quatre-vingt-neuf
カトるヴァンヌッフ

90 quatre-vingt-dix
カトるヴァンディス

91 quatre-vingt-onze
カトるヴァンオンズ

92 quatre-vingt-douze
カトるヴァンドゥーズ

93 quatre-vingt-treize
カトるヴァントゥれーズ

94 quatre-vingt-quatorze
カトるヴァンカトるズ

95 quatre-vingt-quinze
カトるヴァンキャーンズ

96 quatre-vingt-seize
カトるヴァンセーズ

97 quatre-vingt-dix-sept
カトるヴァンディセットゥ

98 quatre-vingt-dix-huit
カトるヴァンディズイットゥ

99 quatre-vingt-dix-neuf
カトるヴァンディズヌッフ

100 cent
ソン

200 deux-cents
ドゥソン

505 cinq-cent-cinq
サンソンサンク

1000 mille
ミル

2000 deux mille
ドゥミル

10000 dix mille
ディミル

1995 mille-neuf-cent-quatre-vingt-quinze
ミルヌッフソン カトるヴァンキャーンズ

2001 deux-mille-un
ドゥミルアン

2020 deux-mille-vingt
ドゥミルヴァン

時刻

Quelle heure est-il ? / Il est quelle heure ?　何時ですか？
ケルーる　エティル　イレ　ケルーる

177

Vous avez (Tu as) l'heure ?（相手の時計で時刻を知りたいとき）時刻がわかりますか？
ヴザヴェ　テュ　ア　ルーる

Il est (イレ)	une heure (ユヌーる)	1時
	deux heures (ドゥズーる)	2時
	trois heures (トゥろワズーる)	3時
	quatre heures (カトルーる)	4時
	cinq heures (サンクーる)	5時
	six heures (シズーる)	6時
	sept heures (セットゥーる)	7時
Il est (イレ)	huit heures (ユイットゥーる)	8時
	neuf heures (ヌヴーる)	9時
	dix heures (ディズーる)	10時
	onze heures (オンズーる)	11時
	douze heures (ドゥズーる)	12時
	midi (ミディ)	正午
	minuit (ミニュイ)	午前零時

dix (ディス)　10分
et quart (エ　カーる)　15分
et demi(e) (エ　ドゥミ)　30分
moins dix (モワン　ディス)　10分前
moins le quart (モワン　ル　カーる)　15分前

Il est neuf heures dix.	9時10分
Il est neuf heures et quart.	9時15分
Il est neuf heures et demie.	9時30分
Il est neuf heures moins le quart.	9時15分前
Il est neuf heures moins cinq.	9時5分前
Il est midi et demi.	12時（正午）30分
Il est minuit et demi.	午前零時30分

季節

178

C'est le printemps. (セ　ル　プらントン)	Nous sommes au printemps. (ヌ　ソム　オ　プらントン)	春です。
C'est l'été. (セ　レテ)	Nous sommes en été. (ヌ　ソム　オンネテ)	夏です。
C'est l'automne. (セ　ロトンヌ)	Nous sommes en automne. (ヌ　ソム　オンノトンヌ)	秋です。
C'est l'hiver. (セ　リヴェーる)	Nous sommes en hiver. (ヌ　ソム　オンニヴェーる)	冬です。

Leçon 11

Vous vous intéressez à quoi ? – Je m'intéresse au cinéma.

179

Vous vous intéressez
ヴ　ヴザンテれッセ
à quoi ?
ア　コワ
– Je m'intéresse au cinéma.
ジュ　マンテれッス　オ　スィネマ

あなたは何に興味がありますか？
—私は映画に興味があります。

この課でできるようになること

1日の過ごし方を伝える

代名動詞（直説法現在　肯定命令形　否定形　疑問形　否定命令形）
再帰代名詞

1 代名動詞 se coucher の直説法現在

代名動詞は動詞の前に再帰代名詞と呼ばれる se をともなう動詞です。

180

例：se lever 起きる
se coucher 寝る
se promener 散歩する
se reposer 休息する
s'amuser 楽しむ
s'inquiéter 心配する
se dépêcher 急ぐ
s'appeler ～という名前である
s'intéresser ～に興味をもつ
se mettre 身を置く

再帰代名詞は右ページのように主語に合わせて me (m') / te (t') / se (s') / nous / vous / se (s') と変化します。coucher は -er 規則動詞の活用形です。

se coucher（寝る）
ス　クシェ

je *me* couche ジュ ム クーシュ	nous *nous* couchons ヌ ヌ クション
tu *te* couches テュ トゥ クーシュ	vous *vous* couchez ヴ ヴ クシェ
il *se* couche イル ス クーシュ	ils *se* couchent イル ス クーシュ
elle *se* couche エル ス クーシュ	elles *se* couchent エル ス クーシュ

181

coucher と **se coucher** は下記のような違いがあります。

coucher は〈 coucher + 人 〉で「人を寝かせる」です。

Je *couche* ma petite fille. 私は娘を寝かせる。

se coucher の se は主語と同じ人を指し、「自分を」の意味になります。つまり **se coucher** は「自分を寝かせる」なので「(その人が) 寝る」です。

Je **me couche** vers minuit. 私は午前0時ごろに寝ます。

再帰代名詞 me / te / se は母音、無音の h ではじまる動詞の前ではエリジヨンして、m' / t' / s' となります。

s'intéresser（興味をもつ）
サンテレッセ

je *m'*intéresse ジュ マンテレッス	nous *nous* intéressons ヌ ヌザンテレッソン
tu *t'*intéresses テュ タンテレッス	vous *vous* intéressez ヴ ヴザンテレッセ
il *s'*intéresse イル サンテレッス	ils *s'*intéressent イル サンテレッス
elle *s'*intéresse エル サンテレッス	elles *s'*intéressent エル サンテレッス

182

Ils **s'intéressent** * à la culture japonaise. 彼らは日本文化に興味がある。

＊ s'intéresser à ～ : ～に興味をもつ

se lever「起きる」、se promener「散歩する」は -er 規則動詞ですが、原形（不定詞）と nous, vous 以外の語幹の e にアクサンがつきます。アクサンがつくと［エ］の音です。

183

se lever（起きる）
ス　ルヴェ

je me lève ジュ ム レーヴ	nous nous levons ヌ ヌ ルヴォン
tu te lèves テュ トゥ レーヴ	vous vous levez ヴ ヴ ルヴェ
il se lève イル ス レーヴ	ils se lèvent イル ス レーヴ
elle se lève エル ス レーヴ	elles se lèvent エル ス レーヴ

184

se promener（散歩する）
ス　プろムネ

je me promène ジュ ム プろメーヌ	nous nous promenons ヌ ヌ プろムノン
tu te promènes テュ トゥ プろメーヌ	vous vous promenez ヴ ヴ プろムネ
il se promène イル ス プろメーヌ	ils se promènent イル ス プろメーヌ
elle se promène エル ス プろメーヌ	elles se promènent エル ス プろメーヌ

練習1 代名動詞を直説法現在で活用させましょう。 185

1）se reposer 休息する　　2）s'amuser 楽しむ

練習1　1）je me repose［ジュ ム るポーズ］, tu te reposes［テュ トゥ るポーズ］, il /elle / on se repose［イル / エル / オン ス るポーズ］, nous nous reposons［ヌ ヌ るポゾン］, vous vous reposez［ヴ ヴ るポゼ］, ils / elles se reposent［イル / エル ス るポーズ］
2）je m'amuse［ジュ マミューズ］, tu t'amuses［テュ タミューズ］, il / elle / on s'amuse［イル / エル / オン サミューズ］, nous nous amusons［ヌ ヌザミュゾン］, vous vous amusez［ヴ ヴザミュゼ］, ils / elles s'amusent［イル / エル サミューズ］

2 代名動詞の肯定命令形

186

se dépêcher（急ぐ） ス　デペシェ	
je *me* dépêche ジュ ム デペッシュ	nous *nous* dépêchons ヌ ヌ デペッション
tu *te* dépêches テュ トゥ デペッシュ	vous *vous* dépêchez ヴ ヴ デペシェ
il *se* dépêche イル ス デペッシュ	ils *se* dépêchent イル ス デペッシュ
elle *se* dépêche エル ス デペッシュ	elles *se* dépêchent エル ス デペッシュ

tu で話す相手に

187

tu の直説法現在の主語をとり、動詞からはじめてハイフンをつけ、再帰代名詞 **te を toi** の形で動詞のあとに置きます（tu の活用語尾が -es のとき、命令形では s をとる→ p.77 参照）。

Tu te dépêches. 君は急ぐ。 → **Dépêche-toi.** 急ぎなさい。
デペッシュ トワ

nous の活用は「〜しましょう」

nous の直説法現在の主語をとり、動詞からはじめてハイフンをつけ、再帰代名詞 nous を動詞のあとに置きます。

Nous nous dépêchons. 私たちは急ぐ。
→ **Dépêchons-nous.** 急ぎましょう。
デペション ヌ

vous で話す相手に

vous の直説法現在の主語をとり、動詞からはじめてハイフンをつけ、再帰代名詞 vous を動詞のあとに置きます。

Vous vous dépêchez. あなた（あなた方、君たち）は急ぐ。
→ **Dépêchez-vous.** 急いで（ください）。
デペシェ ヴ

練習2 代名動詞を肯定命令形にしましょう。 188

1) Vous vous amusez bien.

→ .... 大いに楽しんで（ください）。

2) Nous nous mettons ici.

→ .... ここに座りましょう。

3) Tu te reposes.

→ .... 体を休めなさい。

3 代名動詞の否定形と疑問形

否定形

代名動詞の前後に **ne** と **pas** を置きます。

189

s'inquiéter（心配する）の否定形
サンキエテ

je *ne* m' inquiète *pas* ジュ ヌ マンキエットゥ パ	nous *ne* nous inquiétons *pas* ヌ ヌ ヌザンキエトン パ
tu *ne* t' inquiètes *pas* テュ ヌ タンキエットゥ パ	vous *ne* vous inquiétez *pas* ヴ ヌ ヴザンキエテ パ
il *ne* s' inquiète *pas* イル ヌ サンキエットゥ パ	ils *ne* s' inquiètent *pas* イル ヌ サンキエットゥ パ
elle *ne* s' inquiète *pas* エル ヌ サンキエットゥ パ	elles *ne* s' inquiètent *pas* エル ヌ サンキエットゥ パ

★原形（不定詞）と nous, vous の語幹では アクサンテギュのついた é［狭いエ］の音です。それ以外の人称ではアクサングラーブのついた è［広いエ］の音です。

疑問形

190

1. 文末のイントネーションを上げる。

Vous vous inquiétez ? 心配ですか？

2. 文頭に est-ce que / est-ce qu' をつける。

Est-ce que vous vous inquiétez ?

Est-ce qu'il s'inquiète ? 彼は心配していますか？

練習2 1) Amusez-vous bien. 2) Mettons-nous ici. 3) Repose-toi.

3. 主語と動詞を倒置する。

Vous inquiétez-vous ?

動詞　主語

練習3 代名動詞を用いた文を否定文にしましょう。 191

1) Je m'intéresse à la musique classique. 私はクラシック音楽に興味があります。

………………………………………………

2) Pierre se couche avant minuit. ピエールは午前0時までに寝ます。

………………………………………………

3) Les enfants se dépêchent. 子供たちは急ぎます。

………………………………………………

練習4 代名動詞を用いた倒置の疑問文を別の2つの疑問文の形にしましょう。

1) Te lèves-tu tôt le matin ? 192

2) Vous promenez-vous souvent ?

4 代名動詞の否定命令形

193

直説法現在の活用形を否定にして主語をとります。

tu で話す相手に

Tu ne t'inquiètes pas. 君は心配しない。→ **Ne** t'inquiète **pas**. 心配しないで。

nous の活用は「～しましょう」

Nous ne nous inquiétons pas. 私たちは心配しません。

→ **Ne** nous inquiétons **pas**. 心配しないでおこう。

vous で話す相手に

Vous ne vous inquiétez pas. あなた（あなた方、君たち）は心配しない。

→ **Ne** vous inquiétez **pas**. 心配しないで（ください）。

練習3　1) Je ne m'intéresse pas à la musique classique.　2) Pierre ne se couche pas avant minuit.　3) Les enfants ne se dépêchent pas.

練習4　1) Est-ce que tu te lèves tôt le matin ? / Tu te lèves tôt le matin ?　2) Est-ce que vous vous promenez souvent ? / Vous vous promenez souvent ?

練習5 代名動詞を否定命令形にしましょう。 194

1）Tu te dépêches. → .... 急がないで。

2）Tu t'inquiètes. → .... 心配しないで。

5 再帰代名詞の意味と用法 195

代名動詞の再帰代名詞は次のような意味で使われます。

1. 再帰的「自分を・自分に」（主語の行為が主語自身に向けられる）

se coucher 寝る

Elle **se couche**. 彼女は寝る（自分を寝かせる）。

se laver ～ 自分の～を洗う

Elle **se lave** les mains. 彼女は手を洗う（自分に手を洗ってあげる）。

2. 相互的「お互いに」（複数を表す主語の行為が相互的に行われる）

s'aimer 互いに愛し合う

Ils **s'aiment**. 彼らは愛し合っています。

se téléphoner 互いに電話をかけ合う

Elles **se téléphonent** chaque soir. 彼女たちは毎晩電話をかけ合う。

3. 受動的「～される」（主語は事物を表す）

se parler 話される

Le français **se parle** en Suisse. フランス語はスイスで話されている。

se vendre 売られる

Ce livre **se vend** bien. この本はよく売れている。

4. 本質的（代名動詞の形でのみ使われる）

se souvenir 覚えている

Je **me souviens** de* toi. 僕は君のことを覚えている。

＊ se souvenir de ～：～を覚えている

練習5　1）Ne te dépêche pas.　2）Ne t'inquiète pas.

À vous ! Je me lève / je prends mon / chez moi / J'arrive au / dans un restaurant /Je travaille / je fais / je rentre à la maison / je prends mon

À vous! 1日の過ごし方を伝えています。聞きとったフランス語を……に書きましょう。文が完成したら、繰り返し音読しましょう。 196

………… à six heures et demie et ………… petit déjeuner.
Je me brosse les dents* , je me coiffe * et je m'habille* .
Je sors de ………… vers huit heures.
………… bureau avant neuf heures.
À midi, je déjeune ………… .
………… jusqu'à* 17 heures.
Parfois*, ………… des heures supplémentaires* .
Sinon*, ………… vers six heures.
Après le diner, ………… bain* ou je me douche*.
Avant de * me ★ coucher, je vais sur Internet*.

* se brosser les dents :（自分の）歯を磨く　se coiffer :（自分の）髪を整える
s'habiller : 服を着る　jusqu'à ~ : ~まで　parfois : ときには
des heures supplémentaires 女 複 : 残業　sinon : そうでなければ
prendre son bain : 風呂に入る　se doucher : シャワーを浴びる
avant de ~ : ~の前に　aller sur Internet : インターネットを見る（オンラインに行く）

私は6時半に起きて朝食をとります。
歯を磨いて、髪を整え、服を着ます。
8時頃、家を出ます。
9時までに会社に着きます。
お昼にレストランで昼食をとります。
午後5時まで仕事をします。
ときには残業をします。
そうでなければ、6時頃、帰宅します。
夕食の後、お風呂に入るかシャワーを浴びます。
寝る前に、インターネットを見ます。

★代名動詞を不定詞（se ~ の形）で用いるとき、再帰代名詞は主語に一致した形を用います。

Je vais **me** *coucher*.（se coucher）私はこれから寝ます。
Nous venons de **nous** *promener*.（se promener）
私たちは散歩をしてきたところです。

Leçon 12

Qu'est-ce que vous avez fait hier ? 197
ケ ス ク ヴザヴェ フェ イエーる

– Nous avons visité le château de Versailles.
ヌザヴォン ヴィジテ ル シャトー ドゥ ヴェるサイユ

あなた方はきのう何をしましたか？
一私たちはベルサイユ宮殿を訪れました。

この課でできるようになること

過去にしたことを伝える（1）

直説法複合過去①助動詞 avoir（過去分詞　否定形と疑問形　使い方）

lire の直説法現在

1 直説法複合過去（1）助動詞 avoir

過去の出来事「〜しました」を伝える動詞の形です。

助動詞（avoir の直説法現在）＋ 過去分詞

主語の人称に合わせて **avoir の直説法現在**（j'ai, tu as, il / elle / on a, nous avons, vous avez, ils / elles ont）を**助動詞**にして、そのあとに**動詞の過去分詞**をおく形が**直説法複合過去**です。

他動詞（直接目的語をとる動詞）と**大部分の自動詞**は **avoir を助動詞**にします。

198

chanter（歌う）の直説法複合過去	
j'ai chanté ジェ ションテ	**nous avons chanté** ヌザヴォン ションテ
tu as chanté テュ ア ションテ	**vous avez chanté** ヴザヴェ ションテ
il a chanté イラ ションテ	**ils ont chanté** イルゾン ションテ
elle a chanté エラ ションテ	**elles ont chanté** エルゾン ションテ

Elle **a chanté** une chanson française en français.

彼女はフランスの歌をフランス語で**歌いました。**

2 過去分詞

規則動詞の過去分詞

規則動詞の過去分詞は作り方が決まっています。

-er 規則動詞：原形 chanter 歌う → 過去分詞 **chanté**［ションテ］

原形の r をとり、その前の e にアクサンテギュをつけて **é** にします。

-ir 規則動詞：原形 finir 終える → 過去分詞 **fini**［フィニ］

原形の r をとるだけです。

発音の注意

・〈-er-〉 文字にはさまれた er は［エる］と発音します。

Versaille［ヴエるサイユ］ merci［メるスィ］

不規則動詞の過去分詞

ここがポイント！

不規則動詞の過去分詞は動詞ごとに覚えましょう。

11 課までに学んだ不規則動詞の過去分詞です。

199

être ～である	→ **été** エテ	avoir 持っている	→ **eu** ユ
faire する	→ **fait** フェ	mettre 置く	→ **mis** ミ
prendre 取る	→ **pris** プリ	voir 会う	→ **vu** ヴュ
attendre 待つ	→ **attendu** アトンデュ	connaitre 知っている	→ **connu** コニュ

écrire 書く	→	écrit エクリ	dire 言う	→	dit ディ
offrir 贈る	→	offert オフェーる	savoir 知っている	→	su シュ
vouloir 欲する	→	voulu ヴリュ	pouvoir できる	→	pu ピュ
plaire 気にいる	→	plu プリュ	pleuvoir 雨が降る	→	plu プリュ

練習1 動詞を複合過去で活用しましょう。 200

1）finir 終える　2）faire する　3）prendre とる　4）attendre 待つ

練習2 ［　］の動詞を複合過去にして文を完成しましょう。 201

1）J'............ mes devoirs. [finir]

私は宿題を終えた。

2）Tu .... Marie ? [voir]

あなたはマリに会った？

3）Elle .... le train de 10 heures. [prendre]

彼女は10時の列車に乗りました。

4）Nous .... un bouquet de fleurs à notre mère. [offrir]

私たちは花束を母に贈った。

5）Vous .... une carte postale à vos parents ? [écrire]

両親に絵葉書を書きましたか？

6）Ils .... les courses. [faire]

彼らは買い物をしました。

練習1　1）j'ai fini, tu as fini, il / elle / on a fini, nous avons fini, vous avez fini, ils / elles ont fini　2）j'ai fait, tu as fait, il / elle / on a fait, nous avons fait, vous avez fait, ils / elles ont fait　3）j'ai pris, tu as pris, il / elle / on a pris, nous avons pris, vous avez pris, ils / elles ont pris　4）j'ai attendu, tu as attendu, il / elle / on a attendu, nous avons attendu, vous avez attendu, ils / elles ont attendu

練習2　1）J'<u>ai fini</u> mes devoirs.　2）Tu <u>as vu</u> Marie ?　3）Elle <u>a pris</u> le train de 10 heures.　4）Nous <u>avons offert</u> un bouquet de fleurs à notre mère.　5）Vous <u>avez écrit</u> une carte postale à vos parents ?　6）Ils <u>ont fait</u> les courses.

3 直説法複合過去の否定形と疑問形

否定形

複合過去の否定形は助動詞 **avoir** を ne と pas ではさみます。

202

finir（終える）の直説法複合過去の否定形	
je n'ai pas fini	nous n'avons pas fini
tu n'as pas fini	vous n'avez pas fini
il n'a pas fini	ils n'ont pas fini
elle n'a pas fini	elles n'ont pas fini

Il **n'**a **pas** fini son travail.

彼は自分の仕事を**終えていない**（自分の仕事が終わらなかった）。

Tu **n'**as **rien*** oublié ?

君は何も**忘れていない**（何も忘れなかった）？

＊ ne ～ rien : 何も～ない（p.54 参照）

疑問形

203

1. 文末のイントネーションをあげます。

Tu as fini ? 終わった？

2. 文頭に est-ce que / est-ce qu' をつけます。

Est-ce que vous avez fini ? 終わりましたか？

Est-ce qu'elle a fini son travail ? 彼女は仕事が終わりましたか？

3. 助動詞と主語を倒置して過去分詞を置きます。

Avez-vous fini ? 終わりましたか。？

助動詞　主語　過去分詞

練習3　［　　］の動詞を複合過去の否定形にしましょう。

204

1）Elle .... bonjour à ses amis. [dire]

彼女は友人にあいさつしなかった。

2）Nous .... le petit déjeuner. [prendre]

私たちは朝食を食べていません。

3) Je .... travailler. [pouvoir]

私は仕事ができなかった。

練習4 次の複合過去の疑問文を est-ce que を用いた文と倒置の文で作りましょう。 205

1) Vous avez attendu Pierre longtemps ?

君たちは長いことピエールを待ったの？

....

2) Il a fait le ménage ?

彼は掃除した？

....

直説法複合過去の用法 206

1. 過去に起きた行為、事柄を完了したこととして伝える。（出来事）

Nous **avons visité** le musée du Louvre il y a trois jours.

私たちは３日前にルーブル美術館を訪れました。

2. 現時点の状況につながる過去の完了した行為、事柄を伝える。（完了・経験・結果）

Je n'ai pas d'argent sur moi : j'**ai oublié** mon portemonnaie à la maison.

私はお金を持ちあわせていない。家に財布を忘れたから。

Elle habite à Paris, mais elle n'**a** jamais* **visité** le musée d'Orsay.

彼女はパリに住んでいるが、オルセー美術館を一度も訪れたことがない。

＊ ne ～ jamais：一度も～ない（p.54 参照）

3. 期間が限定された過去の継続的な行為、事柄を伝える。

Ils **ont travaillé** en France *pendant trois ans.*

彼らは３年間、フランスで仕事をしていました。

練習3　1) Elle <u>n'a pas dit</u> bonjour à ses amis.　2) Nous <u>n'avons pas pris</u> le petit déjeuner.　3) Je <u>n'ai pas pu</u> travailler.

練習4　1) Est-ce que vous avez attendu Pierre longtemps ? / Avez-vous attendu Pierre longtemps ?　2) Est-ce qu'il a fait le ménage ? / A-t*-il fait le ménage ?
＊４課（p.43）参照

過去のことを伝えるときに使う表現

207

hier きのう イエーる	**la semaine dernière** 先週 ラ　スメーヌ　デるニエーる
le mois dernier 先月 ル　モワ　デるニエ	**l'année dernière / l'an dernier** 去年 ラネ　デるニエーる　ロン　デるニエ
il y a ～ ～前に	

練習5 [　　] の動詞を日本語に対応する複合過去にしましょう。 208

1) Qu'est-ce qu'elles .... comme* souvenirs de Paris ? [acheter]　　* comme ～ : ～として
   彼女たちはパリのお土産に何を買ったの？

2) Nous .... le français à Lyon pendant deux ans. [étudier]
   私たちはリヨンで２年間フランス語を勉強しました。

3) Mon frère .... venir avec nous. [vouloir]
   私の兄（弟）は私たちと一緒に来ることを望まなかった。

4) Vous avez mal* au ventre. Qu'est-ce que vous .... hier soir ? [manger]　　* avoir mal à ～ : ～が痛い
   お腹が痛いのですね。昨晩、何を食べましたか？

5) Quel film est-ce que tu .... ? [voir]
   なんの映画を見たの？

6) Qu'est-ce que tu .... samedi dernier ? [faire]
   先週の土曜日、何をした？
   – J'.................... de la musique avec des amis et nous .... [écouter / danser]
   ー友だちと音楽を聴いて踊ったよ。

練習5　1) Qu'est-ce qu'elles <u>ont acheté</u> comme souvenirs de Paris ?　2) Nous <u>avons étudié</u> le français à Lyon pendant deux ans.　3) Mon frère <u>n'a pas voulu</u> venir avec nous.　4) Qu'est-ce que vous <u>avez mangé</u> hier soir ?　5) Quel film est-ce que tu <u>as vu</u> ?　6) Qu'est-ce que tu <u>as fait</u> samedi dernier ? – J'<u>ai écouté</u> de la musique avec des amis et nous <u>avons dansé</u>.

複合過去における副詞の位置

209

次のような副詞は動詞が複合過去のとき、一般に過去分詞の前に置きます。

déjà：もう、すでに　**encore**：まだ　**bien**：よく、じょうずに
mal：不十分に、へたに　**beaucoup**：たくさん、とても

Tu *as* **déjà** *fini*？ もう終わった？
Je n'*ai* pas **bien** *compris*＊. 私はよくわからなかった。

＊ comprendre：理解する　活用形は prendre と同型なので過去分詞は compris

過去分詞の一致（助動詞が avoir のとき）

210

複合過去で助動詞に avoir を用いるときは、過去分詞は常に同じ形です。
ただし、直接目的語が動詞の前に置かれるときは、過去分詞をこの直接目的語の性・数に一致させます。

Où est-ce que tu **as acheté** ta robe？ どこであなたのドレスを買ったの？
（ta robe：直接目的語）

— Je **l'ai achetée** à Paris. それをパリで買いました。

直接目的語の人称代名詞「それを」の l' は la がエリジヨンした形で、女性名詞 ta robe の代わりです。直接目的語の代名詞は動詞の前に置きます（9 課 p.82 参照）から、直接目的語の人称代名詞 la の性・数に一致させて過去分詞に e がつきます。

4 lire の直説法現在

211

lire（～を読む、本を読む）［過去分詞 **lu**］
リーる　リュ

je lis（ジュ リ）	nous lisons（ヌ リゾン）
tu lis（テュ リ）	vous lisez（ヴ リゼ）
il lit（イル リ）	ils lisent（イル リーズ）
elle lit（エル リ）	elles lisent（エル リーズ）

lire の使い方

〈 **lire** 〉: 本を読む

Aujourd'hui, les gens ne **lisent** pas beaucoup.

今日では、人はあまり本を読まない。

〈 **lire** ～ 〉: ～を読む

Tu **as** déjà **lu** le journal de ce matin ?

君は今朝の新聞、もう読んだ？

À vous! 質問に対する答えを聞きとって........に書き、完成した文を日本語に訳しましょう。 212

A : Qu'est-ce que tu as fait pendant les vacances d'été ?

あなたは夏休みの間、何をしましたか？

B : .... des musées.

....

.... dans un café.

....

.... des livres.

....

.... des films.

....

.... mon permis de conduire*.

* permis de conduire 男 : 運転免許証

....

J'ai voyagé* dans la région du Tohoku. * voyager : 旅行する

東北地方を旅行しました。

À vous ! J'ai visité 美術館をいくつか訪れました。/ J'ai travaillé カフェでバイトしてました。/ J'ai lu 本を何冊か読みました。/ J'ai vu 映画を何本か見ました。/ J'ai eu 運転免許を取得しました。

Leçon 13

Céline est allée au cinéma avec vous ?
セリーヌ　エ　アレ　オ　スィネマ　アヴェック　ヴ

– Non, elle n'est pas venue.
ノン　エル　ネ　パ　ヴニュ

Elle est restée à la maison.
エレ　れステ　ア　ラ　メゾン

213

セリーヌは君たちと映画に行ったの？
一いいえ、彼女は来ませんでした。彼女は家にいました。

この課でできるようになること

過去にしたことを伝える（2）

直説法複合過去②助動詞 être（過去分詞　過去分詞の一致　否定形　疑問形）

代名動詞の複合過去

1 直説法複合過去（2）助動詞 être

助動詞（ être の直説法現在）＋ 過去分詞

複合過去には助動詞に avoir を用いる動詞（12 課）と助動詞に être を用いる動詞があります。

★複合過去の使い方は 12 課（p.110）を参照しましょう。

「行く」「来る」のような**移動の概念をもつ自動詞**（直接目的語をとらない動詞）と**代名動詞**（11 課）は複合過去にするとき、主語の人称に合わせて **être の直説法現在**（ je suis, tu es, il / elle / on est, nous sommes, vous êtes, ils / elles sont ）**を助動詞**にして、そのあとに動詞の**過去分詞を**置きます。

venir（来る）の直説法複合過去 214

je suis venu(e) ジュ スゥイ ヴニュ	**nous sommes venu(e)s** ヌ ソム ヴニュ
tu es venu(e) テュ エ ヴニュ	**vous êtes venu(e)(s)** ヴゼット ヴニュ
il est venu イレ ヴニュ	**ils sont venus** イル ソン ヴニュ
elle est venue エレ ヴニュ	**elles sont venues** エル ソン ヴニュ

Sophie et Marie **sont venues** chez moi.
ソフィとマリが私の家に来ました。

2 助動詞に être を用いる動詞と過去分詞

215

aller 行く	→ **allé** アレ	venir 来る	→ **venu** ヴニュ
partir 出発する	→ **parti** パるティ	arriver 到着する	→ **arrivé** アリヴェ
entrer 入る	→ **entré** オントゥれ	sortir 出る	→ **sorti** ソるティ
monter 上がる	→ **monté** モンテ	descendre 降りる	→ **descendu** デソンデュ
rentrer 帰る	→ **rentré** ろントれ	revenir 戻る	→ **revenu** るヴニュ
rester* とどまる	→ **resté** れステ	tomber ころぶ	→ **tombé** トンベ
naitre* 生まれる	→ **né** ネ	mourir 死ぬ	→ **mort** モーる

* rester : 助動詞が être の動詞です。移動が止まったと考えましょう。
* naitre : 新綴り字。

3 過去分詞の一致

助動詞に **être** を用いるとき、過去分詞は主語の性・数に一致させます。

je suis venu(***e***)

★ je「私は」が男性のときは je suis venu ですが、女性のときは過去分詞に e をつけて je suis venue とします。

tu es venu(***e***)

★ je と同じく、tu「君は」が女性のときは過去分詞に e をつけて tu es venue とします。

il est venu

★ il「彼は」は、男性で単数ですから何もつきません。

elle est venu***e***

★ elle「彼女は」は、女性で単数ですから e をつけます。

nous sommes venu(***e***)***s***

★ nous「私たちは」は複数ですから過去分詞に s がつきます。nous が男性だけ、または男女混合のときは s だけですが、女性だけのときは e と s をつけます。

vous êtes venu(***e***)(***s***)

★ vous は単数の「あなたは」で用いるとき、男性なら何もつけませんが、女性のときは e をつけます。複数で「あなた方は、君たちは」として使うときは複数の s をつけます。女性だけの「あなた方は、君たちは」なら、e と s をつけます。

ils sont venu***s***

★ ils「彼らは」は男性複数、男女混合ですから s だけがつきます。

elles sont venu***es***

★ elles「彼女たちは」は女性だけの複数ですから e と s がつきます。

練習1 動詞を複合過去にして活用しましょう。 216

1) arriver 到着する　　2) rester とどまる　　3) partir 出発する

練習1　1) je suis arrivé / je suis arrivée, tu es arrivé(e), il est arrivé, elle est arrivée, nous sommes arrivé(e)s, vous êtes arrivé(e)(s), ils sont arrivés, elles sont arrivées 2) je suis resté / je suis restée, tu es resté(e), il est resté, elle est restée, nous sommes resté(e)s, vous êtes resté(e)(s), ils sont restés, elles sont restées 3) je suis parti, je suis partie, tu es parti(e), il est parti, elle est partie, nous sommes parti(e)s, vous êtes parti(e)(s), ils sont partis, elles sont parties

否定形

217

助動詞 être の直説法現在の活用形の部分を ne と pas ではさみます。

venir（来る）の直説法複合過去否定形	
je ne suis pas venu(*e*)	nous ne sommes pas venu(*e*)*s*
tu n'es pas venu(*e*)	vous n'êtes pas venu(*e*)(*s*)
il n'est pas venu	ils ne sont pas venus
elle n'est pas venue	elles ne sont pas venues

Le train **n'est pas arrivé** à l'heure*.　　＊ à l'heure : 定刻に

列車は定刻に到着しなかった。

Mes parents **ne sont jamais allés** en France.

私の両親は一度もフランスに行ったことがありません。

疑問形

218

1. 文末のイントネーションをあげます。

Vous êtes allé à la mer ? あなたは海に行きましたか？

2. 文頭に est-ce que / est-ce qu' をつけます。

Est-ce que vous êtes allé à la mer ?

Est-ce qu'ils sont allés à la mer ? 彼らは海に行きましたか？

3. 助動詞と主語を倒置して過去分詞を置きます。

Êtes-vous allé à la mer ?

助動詞　主語　過去分詞

練習2 [　　] の動詞を複合過去にして文を完成しましょう。

219

1) Elle .... à la tour Eiffel. [monter]

彼女はエッフェル塔に登りました。

2) Nous .... au cinéma samedi dernier. [aller]

私たちは先週の土曜日に映画に行きました。

3) Je .... tard hier. [rentrer]

私は昨日、遅く帰宅しました。

4) Où est-ce que tu .... ? [naitre]

あなたはどこで生まれたの？

5) Il .... avec sa copine. [sortir]

彼は恋人と出かけた。

6) Ils .... à la gare de Tokyo. [descendre]

彼らは東京駅で降りた。

練習2　1) Elle <u>est montée</u> à la tour Eiffel.　2) Nous <u>sommes allé(e)s</u> au cinéma samedi dernier.　3) Je <u>suis rentrée</u> tard hier.　4) Où est-ce que tu <u>es né(e)</u> ?　5) Il <u>est sorti</u> avec sa copine.　6) Ils <u>sont descendus</u> à la gare de Tokyo.

4 代名動詞の複合過去

すべての代名動詞は助動詞に être を用います。助動詞 être は直説法現在に活用させて再帰代名詞と過去分詞のあいだに置きます。 220

se promener（散歩する）の複合過去							
je ジュ	me ム	suis スゥイ	promené(e) プろムネ	nous ヌ	nous ヌ	sommes ソム	promené(e)s プろムネ
tu テュ	t'	es テ	promené(e) プろムネ	vous ヴ	vous	êtes ヴゼットゥ	promené(e)(s) プろムネ
il イル	s'	est セ	promené プろムネ	ils イル	se ス	sont ソン	promenés プろムネ
elle エル	s'	est セ	promenée プろムネ	elles エル	se ス	sont ソン	promenées プろムネ

★ me, te, se はエリジヨンします。te は母音ではじまる es の前で t'、se は est の前で s' となり、それぞれひとつづきに t'es［テ］、s'est［セ］と発音します。

否定形

〈 再帰代名詞 ＋ 助動詞 〉の部分を ne と pas ではさみます。 221

se promener の複合過去否定形									
je ne	me suis	pas	promené(e)		nous ne	nous sommes	pas	promené(e)s
tu ne	t' es	pas	promené(e)		vous ne	vous êtes	pas	promené(e)(s)
il ne	s' est	pas	promené		ils ne	se sont	pas	promenés
elle ne	s' est	pas	promenée		elles ne	se sont	pas	promenées

日常では nous の代わりに on を用います。主語が on のとき、過去分詞は on が表す人の性・数に一致させます。

On ne s'est pas promené***s***.　＊ on が男性だけ、男女混合
On ne s'est pas promené***es***.　＊ on が女性だけ
私たちは散歩しませんでした。

疑問形

222

1. 文末のイントネーションをあげます。

Ils se sont promenés ? 彼らは散歩しましたか。

2. 文頭に **est-ce que / est-ce qu'** をつけます。

Est-ce qu'ils se sont promenés ?

3. 〈 再帰代名詞＋助動詞 〉の部分と主語を倒置して過去分詞を置きます。

Se sont-ils **promenés** ?

練習3 [　　] の代名動詞を複合過去にして文を完成しましょう。 223

1) Nous .... tôt ce matin. [se lever]

私たちは今朝、早く起きました。

2) Mes filles .... au parc de loisirs. [s'amuser]

娘たちはレジャーランドで楽しんだ。

3) Ta grand-mère .... à la maison ? [se reposer]

君のおばあちゃん、家で休んだ？

4) Il .... avant minuit hier. [se coucher]

彼は昨日、午前０時までに寝た。

5) Je .... [se dépêcher]

ぼくは急いだ。

代名動詞の複合過去における過去分詞の一致

ここがポイント！

再帰代名詞が直接目的語として機能するときは過去分詞を主語の性・数に一致させますが、間接目的語として機能するときは過去分詞の一致はありません。

Elle s'est couché<u>*e*</u>. 彼女は寝た。

★〈 coucher ＋ 人 〉なので coucher は直接目的語をとる動詞。したがって se coucher の **se** は直接目的語として機能するので過去分詞を一致させる。

Elles se sont téléphoné. 彼女たちは互いに電話をかけ合った。

★〈 téléphoner <u>à ＋ 人</u> 〉なので téléphoner は間接目的語をとる動詞。したがって se téléphoner の **se** は間接目的語として機能するので過去分詞の一致はない。

練習３　1) Nous <u>nous sommes levé(e)s</u> tôt ce matin.　2) Mes filles <u>se sont amusées</u> au parc de loisirs.　3) Ta grand-mère <u>s'est reposée</u> à la maison ?　4) Il <u>s'est couché</u> avant minuit hier.　5) Je <u>me suis dépêché</u>.

À vous! 質問に対する答えを聞きとって……に書きましょう。女性の場合は e を忘れないように。文が完成したら繰り返し音読しましょう。 224

A : Qu'est-ce que vous avez fait le week-end dernier ?

B : ………… avec mon copain.

………… dans un restaurant français.

: ………… à la mer avec ma famille.

………… sur la plage.

: Mes amis ………… au Japon.

………… les chercher à l'aéroport de Narita.

………… pour Kyoto.

………… beaucoup de photos.

: ………… en voyage à Okinawa avec mes amis.

: ………… à la maison et

………….

A：先週末、何をしましたか？

B：私は恋人と出かけました。フレンチのレストランで夕食をとりました。

：私は家族と海に行きました。私たちは浜辺を散歩しました。

：私のフランス人の友人が日本に来ました。私は成田に彼らを迎えに行きました。私たちは京都に出発しました。私たちは写真をたくさん撮りました。

：私は友人と沖縄旅行に出かけました。

：私は家にいて、ゆっくり休みました。

À vous ! Je suis sortie / Nous avons diné / Je suis allé / Nous nous sommes promenés / ... français sont venus / Je suis allée / Nous sommes partis / Nous avons pris / Je suis parti / Je suis restée, je me suis bien reposée

Leçon 14

Des citrons, tu en veux combien ?
– J'en veux deux.

デ　スィトゥろン　テュ　オン　ヴ　コンビヤン
ジョン　ヴ　ドゥ

225

レモン、いくついるの？
ー２個ほしい。

この課でできるようになること

市場(マルシェ)で買い物をする　代名詞を使ってやりとりする（3）

croire の直説法現在　boire の直説法現在

中性代名詞 en　y　le の使い方　所有代名詞

1 croire の直説法現在

226

croire（思う、信じる）［過去分詞 **cru**］
クろワーる　クリュ

je crois ジュ クろワ	**nous croyons** ヌ クろワイヨン
tu crois テュ クろワ	**vous croyez** ヴ クろワイエ
il croit イル クろワ	**ils croient** イル クろワ
elle croit エル クろワ	**elles croient** エル クろワ

croire の使い方

〈 **croire que 主語 + 動詞** 〉：～だと思う

Je **crois** qu'ils sont au bureau. 彼らは会社にいると思います。

〈 **croire à ～** 〉：～（の存在、実現など）を信じる

Nous **croyons** à la victoire de l'équipe japonaise.

私たちは日本チームの勝利を信じています。

2 boire の直説法現在

227

boire（飲む）ボワーる	［過去分詞 **bu**］ビュ
je bois ジュ ボワ	**nous buvons** ヌ ビュヴォン
tu bois テュ ボワ	**vous buvez** ヴ ビュヴェ
il boit イル ボワ	**ils boivent** イル ボワーヴ
elle boit エル ボワ	**elles boivent** エル ボワーヴ

boire の使い方

〈 **boire ～** 〉：～を飲む

Vous voulez **boire** quelque chose ? 何かお飲みになりたいですか？

〈 **boire** 〉：酒を飲む

Il ne **boit** plus* . 彼はもうお酒を飲まない。　＊ ne ～ plus : もう～ない（p.54 参照）

練習1 日本語に合うように croire, boire の直説法現在の活用形を書きましょう。

228

1) Mon fils .... au père Noël.

私の息子はサンタクロースがいると思っている。

2) Je .... que nous devons commencer.

私たちは始めるべきだと思います。

3) Vous .... du lait ? 牛乳を飲んでいますか？

4) Tu .... trop ! 君は酒を飲みすぎだ！

3 中性代名詞 en

第 9 課、第 10 課で見た直接目的語、間接目的語の人称代名詞は具体的なものや人をさす名詞の代わりに使いますが、中性代名詞 en は名詞で表現されているものや人がまだ現実にどれをさすのか決まっていない場合に使います。

日本語では「ドレス買いたいの？」と聞かれて、「ええ、 1 枚買いたいの」と答えますが、フランス語では「ええ、それを 1 枚買いたいの」と答えます。

ここでの「それを」にあたるドレスは、まだどのドレスかわかりませんから、直接目的語の人称代名詞ではなく、中性代名詞 en を用います。

中性代名詞 en は下の表の冠詞や前置詞をともなう名詞を繰り返さないために使うものだと理解しましょう。目的語の人称代名詞と同じように、動詞の前に置きます。

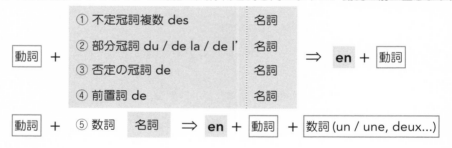

動詞	+	① 不定冠詞複数 des	名詞	⇒	en + 動詞
		② 部分冠詞 du / de la / de l'	名詞		
		③ 否定の冠詞 de	名詞		
		④ 前置詞 de	名詞		

動詞 + ⑤ 数詞 名詞 ⇒ en + 動詞 + 数詞 (un / une, deux...)

① 不定冠詞複数 des + 名詞 229

Où est-ce qu'on achète des légumes ? どこで野菜を買う？

– On **en** achète au marché. — 市場で買おう。

オノンナシェットゥ

(On achète des légumes au marché.)

★不定冠詞複数のついた名詞 des légumes を繰返さないために en を用います。

練習 1 1) Mon fils croit au père Noël. 2) Je crois que nous devons commencer.
3) Vous buvez du lait ? 4) Tu bois trop !

② **部分冠詞 du / de la / de l' + 名詞**

Vous avez de la monnaie ? 小銭はございますか？

– Oui, j'**en** ai. — はい、あります。

ジョンネ

(Oui, j'ai de la monnaie.)

★部分冠詞のついた名詞 de la monnaie を繰返さないために en を用います。

③ **否定の冠詞 de + 名詞**

Avez-vous des frères ? 兄弟はいますか？

– Non, je n'**en** ai pas. — いいえ、いません。

ジュ ノンネ パ

(Non, je n'ai pas de frères.)

★否定の冠詞 de のついた名詞 frères を繰返さないために en を用います。

④ **前置詞 de + 名詞**

Je mets du sel ? 塩を入れますか？

– Oui, vous **en** mettez *un peu*. — はい、少し入れてください。

ヴゾン メテ

(Oui, vous mettez *un peu* de sel.)

★ un peu de ～「少しの～」の表現では、前置詞 de のあとに名詞をつづけます。名詞 sel は前置詞 de とともに使われていますから de sel を繰返さないために en を用います。

⑤ **数詞 + 名詞**

Avez-vous des frères ? 兄弟はいますか？

– Oui, j'**en** ai ***un***. — はい、ひとりいます。

(Oui, j'ai *un* frère.)

Avez-vous des sœurs ? 姉妹はいますか？

– Oui, j'**en** ai ***une***. — はい、ひとりいます。

(Oui, j'ai *une* sœur.)

★数詞をともなう名詞は、名詞の部分だけを en に置きかえて動詞の前に置き、数詞は動詞のあとに置きます。

★ un / une はここでは不定冠詞単数ではなく数詞の「ひとり、ひとつ」です。

★この質問に①のように Oui, j'***en*** ai.「はい、います」とだけ答えることも可能でしょう。でも相手から「何人？」と聞かれる前に数を伝えておく方が自然です。

練習2 日本語に合うように、中性代名詞 en を用いて答えましょう。 230

1) Elle aime manger des gâteaux ?
– Oui, elle .... tous les jours.
彼女はケーキを食べるのが好きですか？
― はい、毎日食べています。

2) Il faut du courage, et Paul, il ....
勇気が必要だ。ポール、彼にはある。

3) Tu as des chats ? 猫飼ってる？
― Non, je .... ― いいえ、飼ってません。

4) Aujourd'hui, nous avons trois examens.
– Vous .... beaucoup.
きょう、ぼくたち、試験が 3 つあるんだ。
― たくさんあるわね。

5) Est-ce qu'ils ont des enfants ? 彼らには子供がいますか？
– Oui, ils .... trois. ― はい、3 人います。

4 中性代名詞 y

日本語では「いつパリに行きますか？」と聞かれて、「この夏、行きます」と答えますが、フランス語では「この夏、そこへ行きます」と答えます。中性代名詞 y は場所を示す前置詞とともに名詞を繰り返さないために用います。en と同じく動詞の前に置きます。

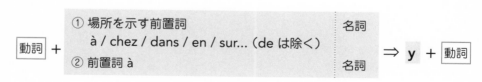

動詞 +	① 場所を示す前置詞 à / chez / dans / en / sur...（de は除く）	名詞	⇒	y + 動詞
	② 前置詞 à	名詞		

練習 2 1) Elle aime manger des gâteaux ? – Oui, elle en mange tous les jours.（elle mange des gâteaux tous les jours ） 2) Il faut du courage, et Paul, il en a.（il a du courage ） 3) Tu as des chats ? – Non, je n'en ai pas.（Non, je n'ai pas de chats.） 4) Aujourd'hui, nous avons trois examens. — Vous en avez beaucoup.（Vous avez beaucoup d ' examens.）＊ beaucoup de ～「たくさんの～」 5) Est-ce qu'ils ont des enfants ? – Oui, ils en ont *trois*.（ ils ont *trois* enfants ）

① 場所を示す前置詞 ＋ 名詞

231

Quand est-ce que vous allez à Paris ?
– Nous **y** allons cet été.（Nous allons à Paris cet été.）
ヌジ　アロン

あなた方はいつパリに行くのですか？
― この夏、行きます。

★場所の前置詞 à をともなう名詞 Paris を繰り返さないために y を用います。

② 前置詞 à ＋ 名詞

Est-ce que vous pensez à vos examens ?
– Oui, j'**y** pense. (Oui, je pense à mes examens.)
ズィ　ポンス

あなたはあなたの試験のことを考えていますか？
―はい、考えています。

★ここで使われている à は場所を示すのではなく、penser à 〜「〜のことを考える」として動詞とセットになっている前置詞です。このような à につづく名詞を繰り返さないために中性代名詞 y を用います。

練習3 日本語に合うように、中性代名詞 y を用いて答えましょう。

232

1）Quand est-ce que vous allez en France ?
– Nous .... cet automne.
君たちはいつフランスに行くのですか？
― 私たちはこの秋に行きます。

2）Tes enfants, comment vont-ils à l'école ?
– Ils .... à pied.
あなたのお子さんたち、どうやって学校に行っているの？
― 彼らは徒歩で行っています。

3）Tu penses à ton pays ?
– Oui, j'.................................... souvent.
君は故郷（国）のことを考える？
― ええ、よく考えるわ。

練習3　1）Quand est-ce que vous allez en France ? – Nous y allons cet automne.（Nous allons en France cet automne.）　2）Tes enfants, comment vont-ils à l'école ? – Ils y vont à pied. (Ils vont à l'école à pied.)　3）Tu penses à ton pays ? – Oui, j'y pense souvent. (je pense souvent à mon pays.)

5 中性代名詞 le

233

述べられた文の内容をまるごととらえて「そのことを、それを」として用いる中性代名詞が le です。

Tu sais que Thomas est rentré du Japon ?
– Oui, je **le** sais.
(Oui, je sais que Thomas est rentré du Japon.)

トマが日本から帰ってきたの知ってる？
— ええ、知ってるわ。

6 所有代名詞

234

所有形容詞をともなう名詞を繰り返さないために用います。

mon livre 私の本 → le mien 私のもの
ル ミヤン

ta place 君の席 → la tienne 君のもの
ラ ティエンヌ

C'est votre parapluie ? あなたの傘ですか。
– Non, ce n'est pas **le mien**. —いいえ、私のものではありません。
(mon parapluie)

	男性単数	女性単数	男性複数	女性複数
私のもの	**le mien**	**la mienne**	**les miens**	**les miennes**
君のもの	**le tien**	**la tienne**	**les tiens**	**les tiennes**
彼（女）のもの	**le sien**	**la sienne**	**les siens**	**les siennes**
私たちのもの	**le nôtre**	**la nôtre**	**les nôtres**	
あなた（方）のもの 君たちのもの	**le vôtre**	**la vôtre**	**les vôtres**	
彼（女）らのもの	**le leur**	**la leur**	**les leurs**	

À vous! 市場(マルシェ)でフルーツと野菜を買う場面です。聞きとったフランス語を……に書きましょう。会話が完成したら繰り返し音読しましょう。 235

Le marchand : Madame ?
La cliente : …………………… des citrons bio*.
Le marchand : …………………… combien ?
La cliente : ………… voudrais* trois. …………………… aussi des pommes de terre.
Le marchand : …………………… combien ?
La cliente : …………………… un kilo.
Le marchand : Voilà*. C'est tout ?
La cliente : Oui. Ça fait combien ?
Le marchand : 4 euros 20, s'il vous plait.
La cliente : Voilà*.
Le marchand : Merci.

* citron bio 男 有機レモン　Je voudrais : Je veux の丁寧な言い方。vouloir の条件法現在 (p.163)　pomme de terre 女 : ジャガイモ　voilà : 品物や代金などを相手に渡すときの「はい」

【参考】orange 女 : オレンジ　poire 女 : 洋ナシ　ananas 男 : パイナップル
raisin 男 : ブドウ　pêche 女 : モモ
aubergine 女 : ナス　carotte 女 : ニンジン　ognon 男 タマネギ（新綴り字）

店主　：マダム？
客　：オーガニックのレモンいただきます。
店主　：いくついりますか？
客　：3ついただきます。ジャガイモも買います。
店主　：どれくらい入れますか？
客　：1キロ入れてください。
店主　：はい、どうぞ。以上ですか。
客　：はい。いくらになりますか？
店主　：4ユーロ20サンチームです。
客　：はい。
店主　：どうも。

À vous ! Je vais prendre / Vous en voulez / J'en / Je vais prendre/ J'en mets / Vous en mettez

Leçon 15

236

Quelle est la meilleure saison pour voyager ? – C'est le printemps.

ケレ　ラ　メイユーる　セゾン　プーる　ヴォワイヤジェ　セ　ル　プらントン

旅行するのにもっとも良い季節はいつですか？
一春です。

この課でできるようになること

比較級や最上級の表現を使う

devoir の直説法現在　　courir の直説法現在
比較級（形と使い方）　最上級（形と使い方）

1 devoir の直説法現在

237

devoir（~ しなければならない）［過去分詞 **dû**］
ドゥヴォワーる　デュ

je dois ジュ　ドワ	**nous devons** ヌ　ドゥヴォン
tu dois テュ　ドワ	**vous devez** ヴ　ドゥヴェ
il doit イル　ドワ	**ils doivent** イル　ドワーヴ
elle doit エル　ドワ	**elles doivent** エル　ドワーヴ

devoir の使い方

〈 **devoir + 不定詞** 〉**: ～しなければならない、～するはずである**

Je **dois** réserver les billets d'avion. 航空券を予約しなければならない。

Marie **doit** arriver bientôt. マリはまもなく着くはずだ。

〈 **devoir A à B** 〉**: A を B に借りている**

Je **dois** 20 euros à Thomas. 僕はトマに 20 ユーロ借りている。

2 courir の直説法現在

238

courir（走る）クーリーる	［過去分詞 **couru**］クリュ
je cours ジュ クーる	**nous courons** ヌ クーろン
tu cours テュ クーる	**vous courez** ヴ クーれ
il court イル クーる	**ils courent** イル クーる
elle court エル クーる	**elles courent** エル クーる

courir の使い方

〈 **courir** 〉**: 走る**

Il **court** tous les matins. 彼は毎朝、走っています。

〈 **courir ～** 〉**:（レース）に出場する**

Elle **court** le cent mètres. 彼女は 100 メートル走に出場する。

練習1 日本語に合うように devoir, courir の直説法現在形を書きましょう。

239

1) Vous ne .... pas stationner ici. ここに駐車してはいけません。

2) Le train .... arriver dans 10 minutes. 列車は10分後に到着するはずだ。

3) Les enfants, ne .... pas dans le couloir. 子どもたち、廊下を走らないの。

練習 1　1) Vous ne devez pas stationner ici.　2) Le train doit arriver dans 10 minutes.
3) Les enfants, ne courez pas dans le couloir.

3 比較級

形容詞または副詞を用いてAとBを比べるとき、下の構文で表現します。

	優等（+）	**plus**			: AはBより多く〜
A	同等（=）	**aussi**	形容詞・副詞 que	**B**	: AはBと同じくらい〜
	劣等（−）	**moins**			: AはBより少なく〜

形容詞の比較級

240

Cécile est **plus** grand<u>e</u> **que** Sophie.

セシルはソフィより背が高い。

★形容詞は修飾する名詞に一致させるのを忘れないこと。「セシルは背が高い」ので形容詞はセシルに一致してeがつきます。

Cécile est **aussi** grand<u>e</u> **que** *moi*.

セシルは私と同じくらい背が高い。

★ queのあとの人称代名詞は強勢形（moi, toi, lui, elle, nous, vous, eux, elles）です。

Sophie est **moins** grand<u>e</u> **que** Cécile.

ソフィはセシルほどは背が高くない。

moinsの使い方

ここがポイント！

moinsを用いる劣等比較は日本語にはありません。日本語では反対の形容詞を用いて「ソフィはセシルより<u>背が低い</u>」、あるいは否定文で「ソフィはセシルより<u>背が高くない</u>」と言います。

フランス語では比較するときに使う形容詞の意味が大事です。形容詞にgrandを用いるのは「セシル」「私」「ソフィ」の３人全員が<u>背の高い</u>女性だからです。日本語で表現するような「背が低い」「背が高くない」は彼女たちの体形を正しく表現していません。形容詞grand「背が高い」を用いてmoins grandeと表現するのは、「ソフィは背が高いけれど、セシルよりは高くない」ことを伝えるためです。

形容詞 bon の優等比較級

形容詞 bon「よい、おいしい」は優等比較「よりよい、よりおいしい」として用いるとき plus bon(ne)(s) としません。1 語になった **meilleur(e)(s)** を用います。

~~plus bon(ne)(s)~~ → meilleur(e)(s)

La bière est **meilleure**（~~plus bonne~~）**que** le vin. 241
ビールはワインよりおいしい。

La bière est **aussi** bonne **que** le saké.
ビールは酒と同じくらいおいしい。

Le vin est **moins** bon **que** la bière.
ワインはビールほどはおいしくない。

★形容詞の一致（下線部）に気をつけましょう。

練習2 [　　] の語を用いて、日本語に合うように文を完成しましょう。 242

1) Sophie est .... Claire. [beau]
ソフィはクレールと同じくらい美しい。

2) Ce gâteau est .... l'autre. [bon]
このケーキはもうひとつのよりおいしい。

3) Marc est .... Thomas. [gentil]
マルクはトマほどは優しくない。

副詞の比較級

ここがポイント！

副詞を用いて A と B を比較するときも形容詞と同じ構文です。副詞ですから、形容詞のように性・数の変化はありません。

Thomas court **plus** vite **que** Pierre. 243
トマはピエールより速く走る。

Thomas court **aussi** vite **que** *toi*.
トマは君と同じくらい速く走る。

Pierre court **moins** vite **que** Thomas.
ピエールはトマほどは速く走らない。

練習2　1) Sophie est aussi belle que Claire. ＊ beau の女性形は belle です。　2) Ce gâteau est meilleur que l'autre.　3) Marc est moins gentil que Thomas.

副詞 bien の優等比較級

副詞 bien「じょうずに、よく」は優等比較「よりじょうずに、よりよく」として用いるとき plus bien としません。1 語になった **mieux** を用います。

~~plus bien~~ → mieux

Marie danse **mieux** ~~(plus bien)~~ **que** Sophie. 244

マリはソフィよりじょうずに踊る。

Marie danse **aussi** bien **que** *toi*.

マリはあなたと同じくらいじょうずに踊る。

Sophie danse **moins** bien **que** Marie.

ソフィはマリほどはじょうずに踊らない。

★ moins bien は「へたである」と言っているのではありません。**副詞 bien を用いるのは、「じょうずである」ことが前提**になっているからです。上手に踊る人たちを対象に優劣をつけています。

練習3 [　　] の語を用いて、日本語に合うように文を完成しましょう。 245

1) Cet été, il fait .... l'été dernier. [chaud]

今年の夏は去年の夏より暑い。

2) Cette voiture coute .... l'autre. [cher]

この車はもうひとつのよりは値段が高くない。

3) Daniel est toujours malade, mais aujourd'hui, il va .... hier. [bien]

ダニエルはずっと病気ですが、きょうは昨日より具合がいい。

練習３　1) Cet été, il fait <u>plus</u> <u>chaud</u> <u>que</u> l'été dernier.　2) Cette voiture coute <u>moins</u> <u>cher</u> <u>que</u> l'autre.　3) Daniel est toujours malade, mais aujourd'hui, il va <u>mieux</u> <u>qu</u>'hier. ＊ que のエリジヨンに注意。

4 最上級

形容詞の最上級

最上級は「もっとも～な、もっとも～でない」を表し、限定されますから定冠詞を用います。定冠詞は最上級の形容詞が修飾する名詞の性・数に一致します。

定冠詞				
le / **la** / **les**	**plus**	形容詞	**de...**	：～のなかでもっとも多く
	moins			：～のなかでもっとも少なく

Cécile est **la plus** grande **de** sa classe. 246

セシルはクラスで一番背が高い。

Ces exercices sont **les moins** difficiles **de** cette leçon.

この練習問題はこの課で一番むずかしくない。

Ce sont **les meilleurs**（les ~~plus bons~~）*chocolats* **de** ce chocolatier.

これらはこのチョコレート職人のもっともおいしいチョコレートです。

副詞の最上級

副詞の最上級では、定冠詞は常に **le** を用います。

定冠詞			
le	**plus**	副詞	：もっとも多く～
	moins		：もっとも少なく～

Qui court **le plus** vite ? 247

誰が一番速く走りますか？

Qui chante **le moins** bien ?

誰が一番じょうずに歌いませんか？

Qui joue* **le mieux**（le ~~plus bien~~）au tennis ?

誰が一番じょうずにテニスをしますか？

＊ jouer à ~ : ～をプレーする

練習4 ［　　］の語を用いて、日本語に合うように文を完成しましょう。 248

1) Quel est ………… ………………… restaurant de ce quartier ? [bon]
この界隈で一番おいしいレストランはどこですか？

2) Cette photo est ………… ………… ……………………. [beau]
この写真が一番美しい。

3) Émilie chante ………… …………………. (bien]
エミリが一番じょうずに歌う。

名詞の比較級・最上級 249

名詞が意味するものの数や量を比較したり、最上級にする構文です。

Marie a	**plus* de**	*courage*	**que** moi.
	autant de	*courage*	
	moins de	*courage*	

マリは私より勇気がある。
マリは私と同じくらい勇気がある。
マリは私よりは勇気がない。

Marie a	**le plus***	**de**	*courage.*
	le moins		

マリが一番勇気がある。
マリが一番勇気がない。

動詞が表す［程度］の比較級・最上級 250

動詞が意味することの程度を比較したり、最上級にする構文です。

Il *pleut*	**plus* que**	l'année dernière.
	autant que	
	moins que	

去年より多く雨が降る。
去年と同じくらい雨が降る。
去年よりは雨が降らない。

Il *pleut*	**le plus ***	dans cette région.
	le moins	

この地域は雨がもっとも多く降る。
この地域は雨がもっとも少なく降る。

＊ de や que の前では plus は［プリュス］と発音することが多い。

★ beaucoup の優等比較級 ~~plus beaucoup~~ → plus

★ beaucoup の劣等比較級 ~~moins beaucoup~~ → moins

練習 4　1) Quel est le meilleur restaurant de ce quartier ?　2) Cette photo est la plus belle.　3) Émilie chante le mieux.

À vous! 聞きとったフランス語を......に書きましょう。質問文が完成したら、自分の答えを書き、質問と答えを繰り返し音読しましょう。 251

A : Qui fait .... la cuisine chez vous ?
B : C'est ma mère [mon père / moi ...].
A : Le matin, qui se lève .... chez vous ?
B : C'est ...
A : Le soir, qui rentre .... chez vous ?
B : C'est ...
A : Quelle est .... saison pour courir ?
B : C'est le printemps [l'été / l'automne / l'hiver].
A : Quel est .... film de l'année ?
B : C'est ...
A : Qu'est-ce qui est .... dans la vie ?
B : C'est le travail [la famille / l'argent / les amis ...].

A：あなたの家では誰が一番じょうずに料理を作りますか？
B：母［父／私…］です。
A：朝、あなたの家で誰が一番早く起きますか？
B：～です。
A：あなたの家で誰が夜一番遅く帰宅しますか？
B：～です。
A：ランニングに一番よい季節はいつですか？
B：春［夏／秋／冬］です。
A：（この）1年で一番よい映画はなんですか？
B：～です。
A：人生で一番大切なのはなんですか？
B：仕事［家族／お金／友人…］です。

À vous ! le mieux / le plus tôt / le plus tard / la meilleure / le meilleur / le plus important

Leçon 16

Quel est le pays que vous voulez visiter ?
ケレ ル ペイ ク ヴ ヴレ ヴィジテ

– Un pays où on mange bien, la France !
アン ペイ ウ オン モンジュ ビヤン ラ フろンス

252

あなたが訪れたい国はどこですか？
一食べ物がおいしい国、フランス！

この課でできるようになること

関係代名詞を用いてたずね、答える

produire の直説法現在　vivre の直説法現在

関係代名詞 qui que (qu') dont où の使い方　recevoir の直説法現在

1 produire の直説法現在

253

produire（～を生産する）［過去分詞 **produit**］
ぷろデュイーる　ぷろデュイ

je produis ジュ ぷろデュイ	**nous produisons** ヌ ぷろデュイゾン
tu produis テュ ぷろデュイ	**vous produisez** ヴ ぷろデュイゼ
il produit イル ぷろデュイ	**ils produisent** イル ぷろデュイーズ
elle produit エル ぷろデュイ	**elles produisent** エル ぷろデュイーズ

produire の使い方

〈 **produire ~** 〉：～を生産する

Ces pays **produisent** du blé. これらの国々は小麦を生産している。

conduire（運転する）、**construire**（建てる）も同型の活用です。 254

Elle **conduit** bien. 彼女はじょうずに運転する。

On **construit** un stade. 競技場を建設している。

2 vivre の直説法現在

255

vivre（暮らす）［過去分詞 **vécu**］
ヴィーヴる　ヴェキュ

je vis ジュ ヴィ	**nous vivons** ヌ ヴィヴォン
tu vis テュ ヴィ	**vous vivez** ヴ ヴィヴエ
il vit イル ヴィ	**ils vivent** イル ヴィーヴ
elle vit エル ヴィ	**elles vivent** エル ヴィーヴ

vivre の使い方

〈 **vivre** 〉：暮らす

Ils **vivent** ensemble depuis longtemps.

彼らはずっと前から一緒に暮らしている。

〈 **vivre de ~** 〉：～で生計を立てる

Elle **vit** de sa pension. 彼女は年金で暮らしている。

練習1 日本語に合うように produire, conduire, construire, vivre の直説法現在形を書きましょう。 256

1）Le Japon .... du riz. 日本は米を生産している。

2）Nous .... à la campagne. 私たちは田舎で暮らしています。

3）On .... une tour. タワーを建設している。

4）Ils .... un camion. 彼らはトラックを運転している。

3 関係代名詞

関係代名詞は名詞に修飾する文をつなぐ働きをもちます。修飾される名詞を先行詞、名詞を修飾する文を関係詞節と呼びます。先行詞に関係詞節をつなぐのが関係代名詞です。フランス語の関係代名詞には **qui, que, dont, où** の4種類があります。

英語の関係代名詞と異なる点

フランス語の関係代名詞は省略することができません。

先行詞の名詞を「人」または「もの」で区別しません。

関係代名詞 qui, que, dont, où の使い分け ここがポイント！

修飾される名詞（先行詞）が修飾する文（関係詞節）のなかでどのように機能するかで使う関係代名詞が決まります。

下記にある関係代名詞の例文では、修飾される名詞（先行詞）はどれも **un pays**「1つの国」になっています。どのような修飾文（関係詞節）をこの名詞につなぐかによって関係代名詞を使い分けます。

qui 先行詞が関係詞節で主語になる文をつなぎます。 257

La France est **un pays qui** produit du fromage.

フランスはチーズを生産している**国**です。(*ce pays* produit du fromage)

修飾される名詞（先行詞）un pays はこれを修飾する文（関係詞節）では、*ce pays* produit du fromage「この国はチーズを生産している」となり、主語として機能します。このように修飾される名詞が主語になる文をつなぐとき、関係代名詞は qui を用います。

que (qu') 先行詞が関係詞節で直接目的語になる文をつなぎます。

La France est **un pays que** nous voulons visiter.

フランスは私たちが訪れたい**国**です。(nous voulons visiter *ce pays*)

練習1　1) Le Japon produit du riz.　2) Nous vivons à la campagne.　3) On construit une tour.　4) Ils conduisent un camion.

先行詞 un pays は関係詞節では、nous voulons visiter *ce pays*「私たちはこの国を訪れたい」となり、動詞 visiter の直接目的語として機能します。このように**先行詞が動詞の直接目的語になる文をつなぐとき**、関係代名詞は **que (qu')** を用います。

La France est **un pays qu'**elle veut visiter.

フランスは彼女が訪れたい**国**です。

★ que はエリジヨンしますから注意しましょう。

練習2 関係代名詞 qui または que を入れて文を完成しましょう。 258

1) Kyoto est une ville .... je visite souvent.

京都は私がよく訪れる町です。

2) Kyoto est une ville .... attire les touristes.

京都は観光客を引きつける町です。

3) J'ai un ami japonais .... habite à Paris.

私にはパリに住んでいる日本人の友だちがいます。

4) J'ai un ami français .... je connais depuis mon enfance.

私には子供時代から知り合いのフランス人の友だちがいます。

dont **先行詞が**関係詞節の**主語、動詞などと de で結ばれる文**をつなぎます。 259

★ dont には前置詞 de が含まれている、と考えてください。

La France est **un pays dont** la capitale est Paris.

フランスは首都がパリの**国**です。(la capitale **de** *ce pays* est Paris)

先行詞 un pays は関係詞節の主語 la capitale と de「〜の」でつながり、la capitale **de** ce pays est Paris「その国の首都はパリです」となります。**先行詞が関係詞節の主語と de で結びつく**ので、関係代名詞は **dont** を用います。

練習2　1) Kyoto est *une ville* que je visite souvent. (je visite souvent cette ville)
2) Kyoto est *une ville* qui attire les touristes. (cette ville attire les touristes)
3) J'ai *un ami japonais* qui habite à Paris. (cet ami japonais habite à Paris)
4) J'ai *un ami français* que je connais depuis mon enfance. (je connais cet ami français depuis mon enfance)

C'est **un film dont** on parle beaucoup.

これは話題の（人が多く話している）**映画**です。(on parle beaucoup **de** *ce film*)

先行詞 un film は関係詞節の動詞 parler de「～について話す」とつながり、on parle **de** *ce film*「人はその映画について話している」となります。**先行詞が関係詞節の動詞とセットになる前置詞 de と結びつく**ので、関係代名詞は **dont** を用います。

Elle va acheter **un collier dont** elle a envie depuis longtemps.

彼女はずっと前から彼女が欲しい**ネックレス**を買います。(elle a envie **de** *ce collier*)

先行詞 un collier は関係詞節の動詞成句 avoir envie de「～が欲しい」とつながり、elle a envie **de** *ce collier*「彼女はそのネックレスが欲しい」となります。**先行詞が関係詞節の動詞成句の de と結びつく**ので関係詞節の文 elle a envie は関係代名詞 **dont** でつなぎます。

où 先行詞が関係詞節で**場所や時を表す状況補語となる文**をつなぎます。 260

① 場所を表す状況補語

La France est **un pays où** nous voulons vivre.

フランスは私たちが暮らしたい**国**です。(nous voulons vivre dans *ce pays*)

先行詞 un pays は関係詞節で nous voulons vivre dans *ce pays*「私たちはその国で暮らしたい」のようにつながります。場所の前置詞 dans「～の中で」を用いて dans *ce pays*「その国の中で」となります。**先行詞が関係詞節で場所を表す文をつなぐ**とき、関係代名詞は **où** を用います。

比較してみましょう！

La France est un pays (que) nous voulons visiter.

La France est un pays (où) nous voulons vivre.

visiter「訪れる」は直接目的語「～を」をとる他動詞ですから que でつなぎます。vivre「暮らす」は直接目的語を取らない自動詞ですから que は使えません。vivre に必要なのは「どこで（暮らす）」となる場所の状況補語ですから、où でつなぎます。

ここがポイント！

② 時を表す状況補語

Viens me voir **le jour** **où** tu ne travailles pas.

仕事のない日に私に会いに来て。(tu ne travailles pas *ce jour-là*)

先行詞 le jour は関係詞節で tu ne travailles pas *ce jour-là*「君はその日に働いていない」のようにつながります。travailler は自動詞として「働く」ですが、le jour は「その日に」を表す「時」の表現（状況補語）です。このように先行詞が関係詞節で時を表す文をつなぐとき、関係代名詞は「場所」を表すときと同様、**où** を用います。

練習3 関係代名詞 dont または où を書き入れて文を完成しましょう。 261

1) Le bureau .... je travaille est au centre de Tokyo.
   私が働いているオフィスは東京の中心にある。

2) Quels sont les livres .... on parle beaucoup en ce moment ?
   今、話題の本は何ですか？

3) Le Japon est un pays .... la population vieillit.
   日本は人口が高齢化している国だ。

4) Le Japon est un pays .... il y a quatre saisons.
   日本は四季のある国だ。

5) Voilà le dictionnaire .... j'ai besoin.
   私が必要な辞書だ。

6) Dis-moi le jour .... tu es libre.
   君が暇な（曜）日を言って。

練習3　1)Le bureau où je travaille est au centre de Tokyo. (je travaille dans ce bureau)　2) Quels sont les livres dont on parle beaucoup en ce moment ? (on parle de ces livres)　＊ en ce moment：今、現在、目下　3) Le Japon est un pays dont la population vieillit. (la population de ce pays)　＊ vieillir：年をとる（finir と同型）　4) Le Japon est un pays où il y a quatre saisons. (il y a quatre saisons dans ce pays)　5) Voilà le dictionnaire dont j'ai besoin. (j'ai besoin de ce dictionnaire)　＊ avoir besoin de ～：～が必要である　6) Dis-moi le jour où tu es libre. (tu es libre ce jour-là)

前置詞 + qui : 262

人を表す先行詞が関係詞節で前置詞とともに用いられる文をつなぎます。

Les amis avec qui j'ai diné hier viennent du Japon.

昨日**一緒に**夕食をとった**友人**は、日本から来ている。(j'ai diné **avec** *ces amis*)

前置詞 + lequel, laquelle, lesquels, lesquelles

事物を表す先行詞が関係詞節で前置詞とともに用いられる文をつなぎます。

La réunion à laquelle j'assiste* est ennuyeuse.

私が出席する**会議**は退屈だ。(j'assiste **à** *cette réunion*)

* assisiter à ~: ~ に出席する

4 recevoir の直説法現在 263

recevoir(受け取る)[過去分詞 **reçu**] るスヴォワーる　るスュ	
je reçois ジュ るソワ	**nous recevons** ヌ るスヴォン
tu reçois テュ るソワ	**vous recevez** ヴ るスヴェ
il reçoit イル るソワ	**ils reçoivent** イル るソワーヴ
elle reçoit エル るソワ	**elles reçoivent** エル るソワーヴ

recevoir の使い方

〈 recevoir ~ 〉: ～を受け取る、(人)を迎える

Elle **a reçu** un cadeau d'anniversaire.

彼女は誕生日プレゼントをもらった。

Ce soir, nous **recevons** monsieur et madame Dupont.

今晩、我々はデュポン夫妻をお迎えします。

À vous! 聞きとったフランス語を......に書きましょう。質問文が完成したら、自分の答えを書き、質問と答えを繰り返し音読しましょう。 264

A : Quels sont les objets .... dans votre vie quotidienne ?
B : J'ai besoin de [mon smartphone / mon ordinateur / ma voiture ...].

A：あなたの日常生活で必要なものはなんですか？
B：私は［自分のスマートフォン / 自分のパソコン / 自分の車…］が必要です。

A : Comment s'appelle le peintre .... ?
B : Monet / Renoir / Van Gogh...

A：あなたが好きな画家の名前はなんですか？
B：モネ / ルノワール / ゴッホ…です。

A : Quel est le pays .... ?
B : La France / Les États-Unis / L'Allemagne / La Chine...

A：あなたの興味をひく国はどこですか？
B：フランス / アメリカ合衆国 / ドイツ / 中国…です。

A : Comment s'appelle le café .... ?
B : Doutor / Starbucks / Komeda / Tully's...

A：あなたがよく行くカフェの名前はなんですか？
B：ドトール / スターバックス / コメダ / タリーズ…です。

À vous ! dont vous avez besoin / que vous aimez / qui vous intéresse［キ ヴザンテれッス］/ où vous allez souvent

Leçon 17

Mon père est allé à Paris quand il avait 60 ans. Il n'avait jamais visité cette ville avant.

モン　ペーる　エタレ　ア　パリ　コンティラヴェ　ソワソントン　イル　ナヴェ　ジャメ　ヴィジテ　セットゥ　ヴィル　アヴォン

265

父は60歳のときにパリに行きました。
彼はこの町をそれまでに一度も訪れたことがありませんでした。

この課でできるようになること

昔のことを伝える　　過去の出来事の背景を伝える

直説法半過去（活用形と使い方）　半過去と複合過去の違い
直説法大過去（活用形と使い方）

1 直説法半過去

直説法半過去の活用形

直説法半過去の活用形は**語幹**と**語尾**で作ります。

語幹：直説法現在形 **nous の活用語尾 -ons をとったつづり**です。

例えば、habiter の nous の活用形は nous habit*ons* です。語幹は -ons をとって **habit** となります。

être だけは、nous sommes で、語尾が -ons ではありません。半過去の語幹は **ét** と決まっています。

habiter → nous habit*ons* → **habit**

ただし être → **ét**

語尾：**-ais**［エ］**-ais**［エ］**-ait**［エ］**-ions**［イオン］**-iez**［イエ］**-aient**［エ］

語幹にこの語尾をつけると直説法半過去の活用形になります。

266

habiter（住む）	
j'habit***ais*** ジャビテ	nous habit***ions*** ヌザビチオン
tu habit***ais*** テュ アビテ	vous habit***iez*** ヴザビチエ
il habit***ait*** イラビテ	ils habit***aient*** イルザビテ
elle habit***ait*** エラビテ	elles habit***aient*** エルザビテ

267

être（～である、～にいる）	
j'**ét*ais*** ジェテ	nous **ét*ions*** ヌゼチオン
tu **ét*ais*** テュ エテ	vous **ét*iez*** ヴゼチエ
il **ét*ait*** イレテ	ils **ét*aient*** イルゼテ
elle **ét*ait*** エレテ	elles **ét*aient*** エルゼテ

代名動詞の直説法半過去も再帰代名詞は主語に合わせて変化させ、動詞の部分を半過去の活用形にします。

se promener「散歩する」であれば、promener の nous promen*ons* の -ons をとって、**promen** を語幹にして半過去の語尾をつけます。

268

se promener（散歩する）	
je me promen***ais*** (ジュ ム プろムネ)	nous nous promen***ions*** (ヌ ヌ プろムニオン)
tu te promen***ais*** (テュ トゥ プろムネ)	vous vous promen***iez*** (ヴ ヴ プろムニエ)
il se promen***ait*** (イル ス プろムネ)	ils se promen***aient*** (イル ス プろムネ)
elle se promen***ait*** (エル ス プろムネ)	elles se promen***aient*** (エル ス プろムネ)

練習 1 動詞を直説法半過去で活用させましょう。 269

1）prendre 乗る　　2）venir 来る

直説法半過去の用法

「半過去」だけで使うときの用法と、「半過去と複合過去」の両方を 1 つの文で使うときの用法を理解しましょう。

【半過去だけで使うときの用法】 270

現在と対比して過去の継続的な行為、状態、習慣を伝えます。

Maintenant j'habite à Tokyo, mais *avant*, j'**habitais** à Nagoya.

私は今は東京に住んでいるが、以前は名古屋に住んでいた。

★現在のことは直説法現在で表し、かつてのことを半過去で表します。

Elle **avait** les cheveux longs quand elle **était** lycéenne.

彼女は高校生の頃、髪の毛が長かった。

★現在、高校生ではない人が、かつて高校生だったときのことを述べています。

Dans notre enfance, nous **passions** les vacances d'été chez nos grands-parents.

私たちは子供の頃、夏休みを祖父母の家で過ごしたものでした。

★現在は大人になっている人が、かつての子供時代の習慣を伝えています。

練習 1　1）je pren*ais*, tu pren*ais*, il / elle / on pren*ait*, nous pren*ions*, vous pren*iez*, ils / elles pren*aient*（nous pren~~ons~~）　2）je ven*ais*, tu ven*ais*, il / elle / on ven*ait*, nous ven*ions*, vous ven*iez*, ils / elles ven*aient*（nous ven~~ons~~）

練習2 日本語に合うように［　　］の動詞を半過去にして文を完成しましょう。

271

1）Je ne travaille plus, mais avant, je .... dans un magasin. [travailler]
私はもう働いていませんが、以前はお店で働いていました。

2）Dans sa jeunesse, il .... souvent au cinéma. [aller]
彼は若い頃、よく映画に行った。

3）Quand nous .... petits, nous .... en France. [être / habiter]
私たちは小さいとき、フランスに住んでいました。

4）Autrefois, les enfants .... dehors. [jouer]
昔は、子供たちが外で遊んだものだ。

5）Si* tu .... avec moi ? [venir]
僕と一緒に来ない？　　＊〈Si + 直説法半過去〉：誘い、提案、願望を表す

【半過去と複合過去をひとつの文で使うときの用法】

272

複合過去で表される過去の出来事の背景、状況を伝えます。

ここがポイント！

過去の出来事 → 複合過去で表す
過去の出来事の背景、状況 → 半過去で表す

Elles *sont allées* en France quand elles **étaient** étudiantes.
彼女たちは学生だったときフランスに行きました。

★過去の出来事として伝えたいことは「フランスに行った」ことです。「学生だった」というのは、フランスに行ったときの背景（状況）を伝えています。これを半過去で表します。

Je **me promenais** au bord de la mer quand j'*ai vu* un arc-en-ciel.
私は海辺を散歩していたとき虹を見た（私は虹を見たとき、海辺を散歩していた）。

★伝えたい出来事は「虹を見た」です。虹を見たのは「海辺を散歩していた」という状況（背景）においてです。この状況（背景）を半過去で表します。

練習2　1）Je ne travaille plus, mais avant, je travaillais dans un magasin.（nous travaill~~ons~~）　2）Dans sa jeunesse, il allait souvent au cinéma.（nous all~~ons~~）　3）Quand nous étions petits, nous habitions en France.　4）Autrefois, les enfants jouaient dehors.（nous jou~~ons~~）　5）Si tu venais avec moi ?（nous ven~~ons~~）

練習3 日本語に合うように、........ には動詞を複合過去で、＿＿＿ には半過去で書き、文を完成しましょう。 273

1）Nous .... à la piscine parce qu'il ＿＿＿＿＿＿＿＿ très chaud. [aller / faire]
とても暑かったので、私たちはプールに行った。

2）Sophie .... au Japon quand elle ＿＿＿＿＿＿＿＿ 22 ans. [venir / avoir]
ソフィは 22 歳のとき日本に来た。

3）Je ＿＿＿＿＿ quand Marc m'.................................. . [lire / téléphoner].
私が本を読んでいたらマルクが電話してきた。

2 直説法大過去

助動詞（avoir または être の直説法半過去）+ 過去分詞

直説法大過去の活用形は、直説法複合過去と同様、〈 助動詞＋過去分詞 〉で作ります。複合過去の助動詞は avoir または être を直説法現在にしますが、大過去の助動詞は avoir または être を直説法半過去にします。

助動詞を avoir にするか être にするかは複合過去と同じです。

助動詞が être のとき、過去分詞を主語の性・数に一致させることも同じです。

274

commencer（始まる、〜を始める）	
j' avais commencé ジャヴェ コモンセ	nous avions commencé ヌザヴィオン コモンセ
tu avais commencé テュ アヴェ コモンセ	vous aviez commencé ヴザヴィエ コモンセ
il avait commencé イラヴェ コモンセ	ils avaient commencé イルザヴェ コモンセ
elle avait commencé エラヴェ コモンセ	elles avaient commencé エルザヴェ コモンセ

練習3 1）Nous sommes allé(e)s à la piscine parce qu'il faisait très chaud.（nous faisons） 2）Sophie est venue au Japon quand elle avait 22 ans.（nous avons）
3）Je lisais quand Marc m'a téléphoné.（nous lisons）

275

sortir（外出する）	
j' étais sorti(*e*) ジェテ ソるティ	nous étions sorti(*e*)*s* ヌゼチオン ソるティ
tu étais sorti(*e*) テュ エテ ソるティ	vous étiez sorti(*e*)(*s*) ヴゼチエ ソるティ
il était sorti イレテ ソるティ	ils étaient sorti*s* イルゼテ ソるティ
elle était sorti*e* エレテ ソるティ	elles étaient sorti*es* エルゼテ ソるティ

276

se tromper（間違う）	
je m'étais trompé(*e*) ジュ メテ トろンペ	nous nous étions trompé(*e*)*s* ヌ ヌゼチオン トろンペ
tu t'étais trompé(*e*) テュ テテ トろンペ	vous vous étiez trompé(*e*)(*s*) ヴ ヴゼチエ トろンペ
il s'était trompé イル セテ トろンペ	ils s'étaient trompé*s* イル セテ トろンペ
elle s'était trompé*e* エル セテ トろンペ	elles s'étaient trompé*es* エル セテ トろンペ

【用法】 277

過去のある時点ですでに完了していた行為、事柄を伝えます。

Quand je *suis arrivé* dans la classe, le cours **avait** déjà **commencé**.

私が教室に着いたとき、授業はすでに始まっていた。

★複合過去の「教室に着いた」ときが過去の時点です。この過去の時点より前に「授業が始まっていた」ので、これを大過去で表します。

Nous *sommes allés* chez Catherine, mais elle **était sortie**.

私たちはカトリーヌの家に行ったが、彼女は外出したあとだった。

★複合過去の「カトリーヌの家に行った」が過去の時点です。この過去の時点より前に「彼女は外出していた」ので、これを大過去で表します。

Mon père *est allé* à Paris quand il avait 60 ans. Il n'**avait** jamais **visité** cette ville avant.

父は 60 歳のときにパリに行った。彼はこの町をそれまでに一度も訪れたことがなかった。

★複合過去の「パリに行った」が過去の時点です。この過去の時点より前に「父親はパリをおとずれたことがなかった」ので、これを大過去で表します。

練習4 日本語に合うように[　　]の動詞を大過去にして文を完成しましょう。

1) Le train .... quand nous sommes arrivés à la gare. [partir] 278

私たちが駅に着いたとき、列車は出発したあとだった。

2) Ils ne sont pas venus : ils .... notre rendez-vous. [oublier]

彼らは来なかった、というのは私たちと合う約束を忘れていたのだ。

3) Céline a mis un collier de perles ; elle l'.................... au Japon. [acheter]

セリーヌは真珠のネックレスをつけた。彼女はそれを日本で買っていた。

4) Si* j'.................... ! [savoir]

もし知っていたらなぁ！　　　　＊〈Si+ 直説法大過去〉: 後悔、非難を表す

À vous! 幼年時代を語っています。聞きとったフランス語を......に書き、完成した文を繰り返し音読しましょう。 279

Quand .... petit, ... toujours avec maman.

.... dans le jardin près de chez nous.

.... dans le bac à sable* , et elle, elle tricotait* , assise sur un banc* .

À midi, ... dans le jardin.

.... les sandwichs de maman.

L'après-midi, ... la sieste* .

Papa .... vers six heures.

On .... ensemble.

Je .... à neuf heures.

Maman me ....

Je m'endormais* avant la fin de l'histoire.

練習4　1) Le train <u>était parti</u> quand nous sommes arrivés à la gare.　2) Ils ne sont pas venus : ils <u>avaient oublié</u> notre rendez-vous.　3) Céline a mis un collier de perles ; elle l'<u>avait acheté</u> au Japon.　4) Si j'<u>avais su</u> !

Mais .... et tout* a changé* !

* bac à sable 男：砂場　tricoter：編み物をする　assis(e)：座って
banc 男：ベンチ　sieste 女：昼寝　s'endormir：眠りこむ　tout：すべて
changer：変わる

ぼくが小さいとき、ぼくはいつもママと一緒だった。
ぼくたちは家の近くの公園に行った。
ぼくは砂場で遊び、ママはベンチに座って編み物をしていた。
お昼に、公園で昼食をとった。
ぼくはママのサンドイッチが好きだった。
午後はお昼寝をした。
パパが６時頃、帰ってきた。
みんなで一緒に夕食を食べた。
ぼくは９時にベッドに入った。
ママはぼくに本を読んでくれた。
ぼくはお話が終わる前に眠っていた。
ところがぼくが５歳のとき、妹が生まれて
すべてが変わってしまった！

À vous ! j'étais / j'étais / Nous allions / Je jouais / on déjeunait / J'aimais / je faisais / rentrait / dinait / me couchais / lisait un livre / ma sœur est née quand j'avais cinq ans

Leçon 18

Qu'est-ce que tu feras après tes études ?
– Je travaillerai dans une entreprise.

(ケ　ス　ク　テュ　フら　アプれ　テゼテュドゥ　ジュ　トゥらヴァイユれ　ドンジュノントゥるプリーズ)

280

君は卒業したらどうするの？
一私は企業で働きます。

この課でできるようになること

予定していることを伝える

直説法単純未来（活用形と使い方）　直説法前未来（活用形と使い方）
受動態（形と使い方）

1 直説法単純未来

直説法単純未来の活用形

直説法単純未来の活用形は語幹と語尾で作ります。

語幹：原形（不定詞）の **r の前まで**のつづりで作るのが原則です。

-er 規則動詞：	visit*er* → **visite**		**-ir 規則動詞**：	fin*ir* → **fini**
不規則動詞：	prend*re* → **prend**		mett*re* → **mett**	
	li*re* → **li**		écri*re* → **écri**	
	di*re* → **di**		attend*re* → **attend** など	

語尾：-rai［れ］ -ras［ら］ -ra［ら］ -rons［ろン］ -rez［れ］ -ront［ろン］
語幹にこの語尾をつけると直説法単純未来の活用形になります。

281

visiter（訪れる）	
je visite***rai*** ジュ ヴィズィットゥれ	nous visite***rons*** ヌ ヴィズィットゥろン
tu visite***ras*** テュ ヴィズィットゥら	vous visite***rez*** ヴ ヴィズィットゥれ
il visite***ra*** イル ヴィズィットゥら	ils visite***ront*** イル ヴィズィットゥろン
elle visite***ra*** エル ヴィズィットゥら	elles visite***ront*** エル ヴィズィットゥろン

練習1 動詞を直説法単純未来で活用させましょう。 282

1) prendre 乗る　2) attendre 待つ　3) finir 終える

特殊な語幹をもつ動詞

ここがポイント！

単純未来の語幹が原則通りに作れない動詞があります。être, avoir, aller, venir, faire, voir などは特殊な語幹になります。よく使う動詞ばかりですから、しっかり覚えておきましょう（単純未来の語幹は第 19 課で学習する条件法現在でも使います）。

être → **se**　　avoir → **au**
aller → **i**　　venir → **viend**
faire → **fe**　　voir → **ver**

発音の注意

・〈e + 子音字 + 子音字〉の e は［エ］と発音します。

elle verra［エル ヴェラ］

練習1　1) je prend*rai*, tu prend*ras*, il / elle / on prend*ra*, nous prend*rons*, vous prend*rez*, ils / elles prend*ront*　2) j'attend*rai*, tu attend*ras*, il / elle / on attend*ra*, nous attend*rons*, vous attend*rez*, ils / elles attend*ront*　3) je fini*rai*, tu fini*ras*, il / elle / on fini*ra*, nous fini*rons*, vous fini*rez*, ils / elles fini*ront*

283 284

être（〜である、〜にいる）	
je se**rai** ジュ スれ	nous se**rons** ヌ スろン
tu se**ras** テュ スら	vous se**rez** ヴ スれ
il se**ra** イル スら	ils se**ront** イル スろン
elle se**ra** エラ スら	elles se**ront** エル スろン

avoir（もっている）	
j' au**rai** ジョれ	nous au**rons** ヌゾろン
tu au**ras** テュ オら	vous au**rez** ヴゾれ
il au**ra** イロら	ils au**ront** イルゾろン
elle au**ra** エロら	elles au**ront** エルゾろン

285 286

aller（行く）	
j' i**rai** ジれ	nous i**rons** ヌジろン
tu i**ras** テュ イら	vous i**rez** ヴジれ
il i**ra** イりら	ils i**ront** イルジろン
elle i**ra** エりら	elles i**ront** エルジろン

venir（来る）	
je viend**rai** ジュ ヴィヤンドゥれ	nous viend**rons** ヌ ヴィヤンドゥろン
tu viend**ras** テュ ヴィヤンドゥら	vous viend**rez** ヴ ヴィヤンドゥれ
il viend**ra** イル ヴィヤンドゥら	ils viend**ront** イル ヴィヤンドゥろン
elle viend**ra** エル ヴィヤンドゥら	elles viend**ront** エル ヴィヤンドゥろン

287 288

faire（〜をする、作る）	
je fe**rai** ジュ フれ	nous fe**rons** ヌ フろン
tu fe**ras** テュ フら	vous fe**rez** ヴ フれ
il fe**ra** イル フら	ils fe**ront** イル フろン
elle fe**ra** エル フら	elles fe**ront** エル フろン

voir（わかる、会う、見える）	
je ver**rai** ジュ ヴェれ	nous ver**rons** ヌ ヴェろン
tu ver**ras** テュ ヴェら	vous ver**rez** ヴ ヴェれ
il ver**ra** イル ヴェら	ils ver**ront** イル ヴェろン
elle ver**ra** エル ヴェら	elles ver**ront** エル ヴェろン

直説法単純未来の用法

289

1. 未来の行為、事柄を伝えます。

Mon grand-père **aura** 90 ans le mois prochain.

私の祖父は来月、90 歳になります。

Nous **visiterons** la Normandie cet été.

私たちはこの夏、ノルマンディー地方を訪れます。

Il **fera** beau demain.

あすは晴れます。

2．2人称で用いると軽い命令のニュアンスを伝えることができます。

Tu **finiras** tes devoirs avant le diner.

夕食までに宿題を終えるんですよ。

Vous **viendrez** avec nous.

あなたたち、私たちと一緒にいらっしゃい。

未来のことを伝えるときに使う表現

290

demain あす
ドゥマン

la semaine prochaine 来週
ラ スメーヌ プロシェーヌ

le mois prochain 来月
ル モワ プろシャン

l'année prochaine / l'an prochain 来年
ラネ プろシェーヌ ロン プろッシャン

dans ～ ～後に

練習2 日本語に合うように［　　］の動詞を単純未来にしましょう。 291

1）À Noël, nous .... à Strasbourg. [aller]

クリスマスに、私たちはストラスブールに行きます。

2）J'.................... 30 ans l'année prochaine. [avoir]

私は来年 30 歳になります。

3）Le nouveau professeur est très gentil. Vous .... [voir]

新しい先生はとても優しいですよ。あなたたち、今にわかりますよ。

4）Est-ce que tu .... à la maison samedi ? [être]

あなたは土曜日、家にいる？

5）Dans un mois, ils .... leurs études. [finir]

1ヶ月後に彼らは卒業する。

練習２　1）À Noël, nous irons à Strasbourg.　2）J'aurai 30 ans l'année prochaine.　3）Le nouveau professeur est très gentil. Vous verrez.　4）Est-ce que tu seras à la maison samedi ?　5）Dans un mois, ils finiront leurs études. ＊ finir ses études：自分の学業を終える、卒業する

2 直説法前未来

助動詞（avoir または être の単純未来）+ 過去分詞

活用形は複合過去、大過去と同様、〈助動詞＋過去分詞〉で作り、助動詞 avoir または être（過去分詞の性・数一致）を単純未来にします。

292 293

finir（終える）		rentrer（帰る）	
j' **aurai fini**	nous **aurons fini**	je **serai rentré**(*e*)	nous **serons rentré**(*e*)*s*
tu **auras fini**	vous **aurez fini**	tu **seras rentré**(*e*)	vous **serez rentré**(*e*)(*s*)
il **aura fini**	ils **auront fini**	il **sera rentré**	ils **seront rentré***s*
elle **aura fini**	elles **auront fini**	elle **sera rentré***e*	elles **seront rentré***es*

【用法】

未来のある時点までに完了しているはずの事柄を伝えます。 294

J'**aurai fini** mon travail avant 17 heures.

午後５時までに自分の仕事を終えています。

★未来の時点である「午後５時」までには「自分の仕事が完了していること」が伝わります。単純未来を用いた Je *finirai* mon travail à 17 heures. は単に「5時に仕事を終える」と伝えるだけで、仕事が完了していることまで言及していません。

練習3 日本語に合うように......には動詞を単純未来で、____には前未来で書き、文を完成しましょう。 295

1）Quand tu ______________________ à la maison, tu me .... [rentrer / téléphoner]

帰宅したら、私に電話してね。

2）Elle .... faire un master en France quand elle ______________ ses études. [aller / terminer]

彼女は卒業したらフランスに修士課程を修めに行きます。

練習３　1）Quand tu <u>seras rentré(e)</u> à la maison, tu me <u>téléphoneras</u>.　2）Elle <u>ira</u> faire un master en France quand elle <u>aura terminé</u> ses études.

3 受動態

受動態（受け身の形）は「A は B によって〜される」を伝える構文です。次の形で作ります。

être ＋ 過去分詞 ＋ par / de（d'）動作主

受動態は、行為を受ける（〜される）主語に合わせて動詞 être を活用させます。そのあとに「〜される」にあたる動詞の過去分詞を置きます。行為の主体（〜によって）は前置詞 par または de を用いて表します。

受動態にするポイント

1. 受動態は他動詞の直接目的語（直目）を主語にする。

Éric invite Marc et Thomas pour son anniversaire. 296

主語　動詞　直目

エリックは、自分の誕生日にマルクとトマを招待する。

→ この「〜は〜をする」という文を**能動態**と呼びます。

Marc et Thomas **sont invités par** Éric pour son anniversaire.

マルクとトマは、エリックによって彼の誕生日に招待される。

→ この「〜は〜される」という文が**受動態**です。

能動態の直接目的語が受動態では主語「マルクとトマは」になり、行為を受ける（受け身）ことを伝えます。

★同じ〈 être ＋ 助動詞 〉でも、Le train est parti.「列車は出発した」は複合過去です。partir は自動詞（直接目的語をとらない）です。自動詞は受動態にはできません。

ここがポイント！

2. 受動態の過去分詞は主語の性・数に一致する。

Marc et Thomas **sont invités par** Éric pour son anniversaire.

過去分詞 invités（不定詞 inviter）はこの文の主語 Marc et Thomas（男性複数）に一致させて複数の s をつけます。

3. 受動態の時制は être の時制で決まる。

297

Marc et Thomas **sont** **invités** par Éric.

★助動詞 être の活用形が直説法現在 sont（ils sont）ですから、「招待される」という現在形の意味になります。

Marc et Thomas **ont été** **invités** par Éric.

★助動詞 être の活用形が複合過去 ont été（ils ont été）ですから、「招待された」という複合過去の意味になります。動詞 être は自動詞でも移動の意味をもちませんから、複合過去の助動詞は avoir にします。過去分詞は été です。

Marc et Thomas ***seront*** **invités** par Éric.

★助動詞 être の活用形は単純未来 seront（ils seront）（特殊な語幹に注意）ですから、「招待されるだろう」という単純未来の意味になります。

4. 動作主を示す前置詞は par または de を用いる。

298

動作主「～によって」を表す前置詞は英語では by だけですが、フランス語には **par** と **de** があります。2 つの前置詞は次のように使い分けます。

par ：動詞が一時的な動作、行為を表すとき
de ：動詞が持続的な感情や状態を表すとき

Ce match ***a été gagné*** **par** l'équipe de France.

この試合はフランスチームによって勝利された。

Ce film ***est aimé*** **de** tous les enfants.

この映画は子供たちみんなから好まれている。

5. 限定する必要のない動作主は省略する。

299

Ces parfums **sont fabriqués** en France.

これらの香水はフランスで作られている。

この文を能動態にするとき、主語は on を用いて下記のようにします。

On fabrique* ces parfums en France.　　＊ fabriquer : 製造する

6. 間接目的語を主語にする受動態は作れない。

英語の間接目的語を主語にした She was given a book. のような文 × Elle a été donnée un livre. は作れません。フランス語では On lui a donné un livre. と表現します。

練習4 日本語に合うように受動態の文にしましょう。 300

1) On fabrique ces voitures en Allemagne.

……………………………………………………………………

これらの車はドイツで製造されている。

2) Beaucoup de touristes visitent la tour Eiffel.

……………………………………………………………………

エッフェル塔は多くの観光客によって訪れられる。

À vous! 「今年の予定」をたずねています。……のフランス語を聞きとって書き、完成した文を繰り返し音読しましょう。 301

A : Qu'est-ce que vous ferez cette année ?

B : …………………… au Japon à vélo.

: …………………… une semaine à Hokkaïdo cet été.

: …………………… travailler aux États-Unis.

: Je quitterai l'entreprise.

: …………………… ma retraite.

: …………………… en France pour apprendre le français et …………………… six mois.

A ：あなたは今年、何をしますか？
B ：自転車で日本を旅します。
：夏に北海道で１週間過ごします。
：アメリカ合衆国に働きに行きます。
：会社を辞めます。
：定年退職します。
：フランス語を学ぶためにフランスに出発し、そこに６ヶ月滞在します。

練習４ 1) Ces voitures sont fabriquées en Allemagne. 2) La tour Eiffel est visitée par beaucoup de touristes.

À vous ! Je voyagerai / Je passerai / J'irai / Je prendrai / Je partirai / j'y resterai

Leçon 19

Où est-ce que tu voudrais vivre ? – J'aimerais bien vivre au bord d'un lac.

ウ エ ス ク テュ ヴドゥれ ヴィーヴる ジェームれ ビヤン ヴィーヴる オ ボーる ダン ラック

君はどこで暮らしてみたいの？
―湖のほとりで暮してみたいわ。

この課でできるようになること

自分の理想を伝える

条件法現在（活用形と使い方）　条件法過去（活用形と使い方）
現在分詞（形と使い方）　ジェロンディフ（形と使い方）

1 条件法現在

今まで学習した動詞（直説法現在、直説法複合過去、直説法半過去、直説法大過去、直説法単純未来、直説法前未来）は、どれも「直説法」です。**直説法**とは**事実を伝える**動詞の形です。この課で学習する**「条件法」は仮定の事柄を伝えます**。

条件法現在の活用形

条件法現在の活用形は**語幹**と**語尾**で作ります。　ここがポイント！

語幹：**直説法単純未来と同じ語幹**です（第 18 課参照）。

特殊な語幹をとる動詞（18 課で提示した動詞は除く）

vouloir → **voud**　pouvoir → **pour**　devoir → **dev**　falloir → **faud**

語尾：-rais［れ］ -rais［れ］ -rait［れ］ -rions［リオン］ -riez［リエ］-raient［れ］です。半過去の語尾に r をつけるだけです。

303 304

aimer（条件法で：～したいなぁ）	
j' aime**rais** ジェムれ	nous aime**rions** ヌゼムリオン
tu aime**rais** テュ　エムれ	vous aime**riez** ヴゼムリエ
il aime**rait** イレムれ	ils aime**raient** イルゼムれ
elle aime**rait** エレムれ	elles aime**raient** エルゼムれ

vouloir（欲する）	
je voud**rais** ジュ　ヴドゥれ	nous voud**rions** ヌ　ヴドゥリオン
tu voud**rais** テュ　ヴドゥれ	vous voud**riez** ヴ　ヴドゥリエ
il voud**rait** イル　ヴドゥれ	ils voud**raient** イル　ヴドゥれ
elle voud**rait** エル　ヴドゥれ	elles voud**raient** エル　ヴドゥれ

305 306

pouvoir（できる）	
je pour**rais** ジュ　プれ	nous pour**rions** ヌ　プリオン
tu pour**rais** テュ　プれ	vous pour**riez** ヴ　プリエ
il pour**rait** イル　プれ	ils pour**raient** イル　プれ
elle pour**rait** エル　プれ	elles pour**raient** エル　プれ

devoir（～しなければならない）	
je dev**rais** ジュ　ドゥヴれ	nous dev**rions** ヌ　ドゥヴリオン
tu dev**rais** テュ　ドゥヴれ	vous dev**riez** ヴ　ドゥヴリエ
il dev**rait** イル　ドゥヴれ	ils dev**raient** イル　ドゥヴれ
elle dev**rait** エル　ドゥヴれ	elles dev**raient** エル　ドゥヴれ

307 308

être（～である、～にいる）	
je se**rais** ジュ　スれ	nous se**rions** ヌ　スリオン
tu se**rais** テュ　スれ	vous se**riez** ヴ　スリエ
il se**rait** イル　スれ	ils se**raient** イル　スれ
elle se**rait** エル　スれ	elles se**raient** エル　スれ

avoir（もっている）	
j' au**rais** ジョれ	nous au**rions** ヌゾリオン
tu au**rais** テュ　オれ	vous au**riez** ヴゾリエ
il au**rait** イロれ	ils au**raient** イルゾれ
elle au**rait** エロれ	elles au**raient** エルゾれ

309

falloir [il faut ～]（～が必要である、～しなければならない）　il faud**rait**
イル　フォドゥれ

練習1 次の動詞を条件法現在で活用させましょう。 310

1) finir 終える　　2) faire する　　3) aller 行く

【用法】 311

1. 現在、未来の事柄を仮定して伝えます。

À Noël, nous **pourrions** prendre une semaine de vacances.

クリスマスに1週間の休暇がとれるかもしれない。

★直説法現在で nous pouvons prendre と表現すれば「確実にとれる」ことを伝えることになりますが、条件法で表現すると、あくまで仮定のことになります。

2. 表現を和らげて伝えます（丁寧、示唆）。

Pourriez-vous fermer la fenêtre ?

窓を閉めていただけますか？

Je **voudrais** voir M. Dubois.

デュボワさんにお会いしたいのですが。

Tu **devrais** rentrer à la maison.

帰宅すべきですよ。

3.〈 Si + 直説法半過去、条件法現在 〉の構文で、現在の事実に反することを条件にして、「どうするか」「どうなるか」を仮定します。

S'il *faisait* beau, on **irait** à la mer.

(si + faire の直説法半過去、aller の条件法現在)

もし天気がよければ、海に行くのになあ（でも、天気が悪いので海には行けない）。

★現在、雨が降っていて天気が悪いが、この事実に反すること（もし天気がよければ）を条件に、「どうするか」を仮定しています（海に行くのに）。

練習1 1) je fini*rais*, tu fini*rais*, il / elle / on fini*rait*, nous fini*rions*, vous fini*riez*, ils / elles fini*raient* 2) je fe*rais*, tu fe*rais*, il / elle / on fe*rait*, nous fe*rions*, vous fe*riez*, ils / elles fe*raient* 3) j'*irais*, tu i*rais*, il / elle / on i*rait*, nous i*rions*, vous i*riez*, ils / elles i*raient*

4. 報道文で、断定を避けて、現在、未来の事柄を伝えます。

新聞、テレビなどのメディアでは未確認や確約が取れていない情報を伝えるとき、断定を避けて条件法で伝えます。

Le président des États-Unis **viendrait** au Japon.

アメリカ合衆国の大統領が日本に来るもようだ。

5. 過去からみた未来を表すときに用います。

主節の動詞が過去時制のとき、未来のことを伝える従属節の動詞は単純未来ではなく条件法現在を用います。

Céline m'*a dit* qu'elle **reviendrait** le lendemain.

セリーヌは翌日また来ると私に言いました。

練習2 日本語に合うように［　　］の動詞を条件法現在にして文を完成しましょう。 312

1) J'.................... bien voyager en France. [aimer]

フランスを旅行したいなぁ。

2) Thomas, tu .... bien écouter ton professeur. [devoir]

トマ、先生の話をきちんと聞くべきよ。

3) Tu as toujours mal à la tête ? Alors, il .... voir le médecin. [falloir]

ずっと頭が痛いの？ じゃあ、医者に診てもらうべきよ。

4) Madame, Sophie est absente. Elle .... malade. [être]

先生、ソフィは欠席です。病気のようです。

5) Si j'avais du temps, je .... la cuisine moi-même. [faire]

もし時間があれば、自分で料理を作るのに。

練習２ 1)J'<u>aimerais</u> bien voyager en France. ＊aimer を条件法現在にして j'aimerais ~ は「～したいなぁ」の意味になる。 2) Thomas, tu <u>devrais</u> bien écouter ton professeur. 3) Tu as toujours mal à la tête ? Alors, il <u>faudrait</u> voir le médecin. 4) Madame, Sohpie est absente. Elle <u>serait</u> malade. ＊話者はソフィが病気であることを確認できないので条件法を用いている。 5) Si j'avais du temps, je <u>ferais</u> la cuisine moi-même.

2 条件法過去

助動詞（avoir または être の条件法現在）+ 過去分詞

活用形は直説法複合過去、直説法大過去、直説法前未来と同様、〈助動詞と過去分詞〉で作ります。助動詞の avoir または être を条件法現在にします。

313 314

pouvoir（~できる）		venir（来る）	
j' **aurais pu**	nous **aurions pu**	je **serais venu**(*e*)	nous **serions venu**(*e*)*s*
tu **aurais pu**	vous **auriez pu**	tu **serais venu**(*e*)	vous **seriez venu**(*e*)(*s*)
il **aurait pu**	ils **auraient pu**	il **serait venu**	ils **seraient venus**
elle **aurait pu**	elles **auraient pu**	elle **serait venue**	elles **seraient venues**

【用法】

315

1. 過去の事柄を仮定して伝えます。

Sans son travail, il **aurait pu** venir avec nous.

仕事がなかったら、彼は私たちと一緒に来れたでしょうに。

2.〈 si + 直説法大過去、条件法過去 〉の構文

過去に現実でなかったことを条件に過去の事柄を仮定して伝えます。

S'il n'*avait* pas *été* malade, il **serait venu** à la fête.

（si + être の直説法大過去、venir の条件法過去）

彼は病気でなかったらパーティに来たのに。

3. pouvoir, vouloir, devoir などの動詞で「後悔、非難」を表します。

Tu **aurais pu** finir plus tôt ! もっと早く終えることができたのに！

4. 報道文で、断定を避けて、過去の事柄を伝えます。

Il y **aurait eu** des morts dans cet accident.

その事故で死者が出たもようです。

5. 主節が過去時制のとき、従属節で未来完了を表します。

Il a dit qu'il **serait rentré** le lendemain soir.

彼は翌日の晩には帰宅していると言った。

3 現在分詞

現在分詞の作り方

語幹 + ant

現在分詞は、直説法現在 **nous** の活用語尾 **-ons** をとって**語幹**を作り、**ant** をつけます。

parler → nous parl~~ons~~ → parl → **parl*ant*** 316

例外：avoir → **ay*ant***　être → **ét*ant***　savoir → **sach*ant***

【用法】

317

形容詞的に機能して名詞、代名詞を修飾します。動詞から作りますから、目的語をとるなど、動詞の機能をそなえています。おもに書き言葉で用います。

Voici *un étudiant* **parlant** plusieurs langues.

いくつもの言語を話す学生です。

★話し言葉では一般に関係代名詞を用いて Voici un étudiant qui parle plusieurs langues. と表現します。

Ayant trop de travail, *elle* reste au bureau jusque tard.

仕事が多すぎて、彼女は遅くまで会社にいます。

4 ジェロンディフ

ジェロンディフの作り方

en + 現在分詞

ジェロンディフは**現在分詞の前に en** を置いた形です。

【用法】

副詞的に機能して、同時性、理由、条件、対立などの意味で、主となる動詞を修飾します。現在分詞と同様、動詞の機能をそなえています。書き言葉だけでなく話し言葉でも使われます。

Ils *mangent* **en écoutant** de la musique.　（同時性）　318

彼らは音楽を聴きながら食事をしている。

En travaillant bien, tu *réussiras* ton examen.（条件）

君はしっかり勉強すれば試験に合格するよ。

Tout **en sachant** la vérité, il *ne dit rien*.　（対立）

彼は真実を知りながら何も言わない。

★ tout を伴うと対立、同時性が強調されます。

ジェロンディフは動詞を修飾します。名詞を修飾する現在分詞の文と次のような違いがあります。

ジェロンディフ：J'*ai rencontré* Paul **en allant** au bureau.　319

私は会社に行くときポールに出会った。

現在分詞：　J'ai rencontré *Paul* **allant** au bureau.

私は会社に行くポールに出会った。

練習3 日本語に合うように［　　］の動詞をジェロンディフにして文を完成しましょう。　320

1) Ils mangent ………………………… la télé. [regarder]

彼らはテレビを見ながら食べている。

2) ………………………… un vélo, nous pourrons faire un tour dans le parc. [prendre]

自転車に乗れば、私たちは公園をひと回りできる。

3) J'ai vu un gros chien …………………………. [se promener]

私は散歩しているとき、大きな犬を見た。

4) Il ne faut pas utiliser le smartphone …………………………. [conduire]

運転しているときにスマートフォンを使ってはいけない。

5) Tu feras attention aux voitures ………………………… la rue. [traverser]

道路を渡るとき、車に注意するんですよ。

練習3　1) Ils mangent en regardant la télé.　2) En prenant un vélo, nous pourrons faire un tour dans le parc.　3) J'ai vu un gros chien en me promenant. 4) Il ne faut pas utiliser le smartphone en conduisant. ＊ conduire (p.139 参照)
5) Tu feras attention aux voitures en traversant la rue.

À vous! 理想の家と暮らしについて話しています。聞きとったフランス語を……に書き、完成した文を繰り返し音読しましょう。 321

Ce ………… en bois* et …………
en haut* d'une colline*.
De la fenêtre, ………… une belle vue* sur la mer.
………….
Nos amis ………… le week-end avec nous.
Ensemble, ………… au bord de* la mer.
………… de la colline, ………… les oiseaux*
et on admirerait* les fleurs.
En nous promenant, ………… des poissons frais*
chez un poissonnier*.
Le soir, nous cuisinerions* un bon plat* et nous le ………….

* bois 男：材木、森　en haut de ~：～の上の方に　colline 女：丘
vue 女：眺め　au bord de ~：～のほとりに　oiseau 男：鳥
admirer：感嘆する　frais：新鮮な
poissonnier 男 / poissonnière 女：魚屋さん　cuisiner：調理する
plat 男：（皿に盛られた）料理

それは木できた大きな家で、丘の高台にあるんだ。
私は彼女と一緒に暮らしている。
家の窓から、美しい海の眺めが臨める。
友人が私たちと週末を過ごしにやってくる。
一緒に海辺に行くんだ。
丘を降りるときは鳥の鳴き声が聞こえたり、花々に見とれる。
散歩しているとき、魚屋で新鮮な魚を買う。
晩に、おいしい料理を作って、私たちはそれを食べるんだ。

À vous ! serait une grande maison / elle serait / on aurait / Je vivrais avec ma copine / viendraient passer / on irait / En descendant ＊ descendre は attendre と同型 (p.81)。/ on entendrait ＊ entendre は attendre と同型 (p.81)。/ nous <u>achète</u>rions ＊ acheter の単純未来、条件法現在の語幹は直説法現在 1 人称単数の活用形 j'<u>achète</u> を語幹にする。/ mangerions

Leçon 20

Il faut qu'on finisse ce travail avant midi.
イル フォ コン フィニッス ス トゥらヴァイユ
アヴォン ミディ

– Vous voulez que je vous aide ?
ヴ ヴレ ク ジュ ヴゼードゥ

322

私たち、昼までにこの仕事を終えなければならないの。
一君たち、ぼくに手伝って欲しい？

この課でできるようになること

うれしいこと、望むことを伝える
グリーティングカードを書く

接続法現在（活用形と使い方）　接続法過去（活用形と使い方）
強調構文（形と使い方）

1 接続法現在

「接続法」は、その人が、主観的に頭の中で考えていることを伝える動詞の形です。

接続法現在の活用形

接続法現在の活用形は語幹と語尾で作ります。

語幹：直説法現在の ils / elles の活用語尾 -ent をとったつづりが原則です。

-er 規則動詞：visiter → ils visit~~ent~~ → **visit**
-ir 規則動詞 ：finir → ils finiss~~ent~~ → **finiss**

不規則動詞：partir → ils part~~ent~~ → **part**
mettre → ils mett~~ent~~ → **mett**
attendre → ils attend~~ent~~ → **attend**
dire → ils dis~~ent~~ → **dis**

語尾：**-e**［無音］ **-es**［無音］ **-e**［無音］ **-ions**［イオン］ **-iez**［イエ］ **-ent**［無音］

接続法の活用形は主節の動詞ではなく、従属節（que ～ ）の動詞に用いるため活用形は **que je finisse** のように覚えます。Je veux *que tu finisses* ton travail.

ここがポイント！

原則

323

finir（終える）	
que je finiss***e*** ク　ジュ　フィニッス	que nous finiss***ions*** ク　ヌ　フィニスィオン
que tu finiss***es*** ク　テュ　フィニッス	que vous finiss***iez*** ク　ヴ　フィニスィエ
qu'il finiss***e*** キル　フィニッス	qu'ils finiss***ent*** キル　フィニッス
qu'elle finiss***e*** ケル　フィニッス	qu'elles finiss***ent*** ケル　フィニッス

324

partir（出発する）	
que je part***e*** ク　ジュ　パるトゥ	que nous part***ions*** ク　ヌ　パるティオン
que tu part***es*** ク　テュ　パるトゥ	que vous part***iez*** ク　ヴ　パるティエ
qu'il part***e*** キル　パるトゥ	qu'ils part***ent*** キル　パるトゥ
qu'elle part***e*** ケル　パるトゥ	qu'elles part***ent*** ケル　パるトゥ

語幹が原則にしたがわない動詞：être, avoir, aller, venir, faire, prendre, pouvoir, vouloir など。

例外 1

語幹は原則通り ils / elles の活用語尾 -ent をとって作りますが、nous, vous の語幹が直説法半過去の語幹になります。

325

venir（来る）(ils vienn~~ent~~ → vienn)	
que je vienn***e*** ク ジュ ヴィエンヌ	que nous ven***ions*** ク ヌ ヴニオン
que tu vienn***es*** ク テュ ヴィエンヌ	que vous ven***iez*** ク ヴ ヴニエ
qu'il vienn***e*** キル ヴィエンヌ	qu'ils vienn***ent*** キル ヴィエンヌ
qu'elle vienn***e*** ケル ヴィエンヌ	qu'elles vienn***ent*** ケル ヴィエンヌ

326

prendre（とる）(ils prenn~~ent~~ → prenn)	
que je prenn***e*** ク ジュ プれンヌ	que nous pren***ions*** ク ヌ プるニオン
que tu prenn***es*** ク テュ プれンヌ	que vous pren***iez*** ク ヴ プるニエ
qu'il prenn***e*** キル プれンヌ	qu'ils prenn***ent*** キル プれンヌ
qu'elle prenn***e*** ケル プれンヌ	qu'elles prenn***ent*** ケル プれンヌ

例外 2

特殊な語幹をもつ動詞です。

327

faire（～をする、作る）	
que je fass***e*** ク ジュ ファス	que nous fass***ions*** ク ヌ ファスィオン
que tu fass***es*** ク テュ ファス	que vous fass***iez*** ク ヴ ファスィエ
qu'il fass***e*** キル ファス	qu'ils fass***ent*** キル ファス
qu'elle fass***e*** ケル ファス	qu'elles fass***ent*** ケル ファス

328

pouvoir (~できる)	
que je puiss**e** ク ジュ ピュイス	que nous puiss***ions*** ク ヌ ピュイスィオン
que tu puiss**es** ク テュ ピュイス	que vous puiss***iez*** ク ヴ ピュイスィエ
qu'il puiss**e** キル ピュイス	qu'ils puiss**ent** キル ピュイス
qu'elle puiss**e** ケル ピュイス	qu'elles puiss**ent** ケル ピュイス

savoir
que je sach**e**

例外3

特殊な語幹をもちますが、nous, vous の語幹が直説法半過去の語幹になります。

329

aller (行く)	
que j'aill**e** ク ジャイユ	que nous **all*ions*** ク ヌザリオン
que tu aill**es** ク テュ アイユ	que vous **all*iez*** ク ヴザリエ
qu'il aill**e** キライユ	qu'ils aill**ent** キルザイユ
qu'elle aill**e** ケライユ	qu'elles aill**ent** ケルザイユ

330

vouloir (欲する)	
que je veuill**e** ク ジュ ヴーイユ	que nous **voul*ions*** ク ヌ ヴリオン
que tu veuill**es** ク テュ ヴーイユ	que vous **voul*iez*** ク ヴ ヴリエ
qu'il veuill**e** キル ヴーイユ	qu'ils veuill**ent** キル ヴーイユ
qu'elle veuill**e** ケル ヴーイユ	qu'elles veuill**ent** ケル ヴーイユ

例外 4

être と avoir は語幹も語尾も特殊です。 331 332

être		avoir	
que je **sois** ク ジュ ソワ	que nous **soyons** ク ヌ ソワイヨン	que j' **aie** ク ジェ	que nous **ayons** ク ヌゼイヨン
que tu **sois** ク テュ ソワ	que vous **soyez** ク ヴ ソワイエ	que tu **aies** ク テュ エ	que vous **ayez** ク ヴゼイエ
qu'il **soit** キル ソワ	qu'ils **soient** キル ソワ	qu'il **ait** キレ	qu'ils **aient** キルゼ
qu'elle **soit** ケル ソワ	qu'elles **soient** ケル ソワ	qu'elle **ait** ケレ	qu'elles **aient** ケルゼ

練習1 次の動詞を接続法現在で活用させましょう。 333

1) mettre 置く　　2) dire 言う　　3) lire 読む

【用法】

直説法は事実や実現性のある事柄を伝える動詞の形です。

接続法は、事実であることや実現性とは無関係に、その人が主観的に頭の中で考えていることを伝える動詞の形で、従属節（名詞節、形容詞節 / 関係詞節、副詞節など）の動詞に用います。

Il veut *que* je vienne.

主節　従属節

従属節で接続法が使われるかどうかは主節の表現で決まります。主節の表現が、願望、否定、疑問、判断、感情などを表すとき、従属節の動詞に接続法を用います。

接続法が使われる従属節で表現されるのは、その人が ① 望んでいること、② 違うと思っていること、③ 疑問に思っていること、④ 判断する内容、⑤ ある感情で受け止めていること、などです。

練習1 1) que je mette, que tu mettes, qu'il / qu'elle / qu'on mette, que nous mett*ions*, que vous mett*iez*, qu'ils / qu'elles mett*ent*　2) que je dise, que tu dises, qu'il / qu'elle / qu'on dise, que nous dis*ions*, que vous dis*iez*, qu'ils / qu'elles dis*ent*　3) que je lise, que tu lises, qu'il / qu'elle / qu'on lise, que nous lis*ions*, que vous lis*iez*, qu'ils / qu'elles lis*ent*

① 願望 : Il veut *que* je **dise** la vérité. 334
彼は私に本当のことを言って欲しい。

② 否定 : Je ne crois pas *qu'*elle **vienne** à la fête.
私は彼女がパーティに来るとは思いません。

③ 疑問 : Pensez-vous *que* notre avion **parte** à l'heure ?
あなたは私たちの飛行機が定刻に出発すると思いますか。

④ 判断 : Il faut *que* tu **finisses** ce travail avant midi.
君はこの仕事を昼までに終えるべきだ。

⑤ 感情 : Elle est contente *que* ses grands-parents **aillent** bien.
彼女は祖父母が元気でうれしい。

そのほかに、形容詞節 / 関係詞節や副詞節でも使われます。

Elle cherche une dame *qui* **puisse** garder ses enfants. 【関係詞節】
彼女は自分の子供の子守ができるような女性を探している。(←この人が頭の中で考えているような人)

Bien *qu'*il **fasse** mauvais, il est parti à la montagne. 【副詞節】
天気が悪いのに彼は山に出かけた。(←天気が悪いのに、という意外性)

＊ bien que ＋ 接続法 : 〜にもかかわらず

練習2 日本語に合うように [　　] の動詞を接続法現在にして文を完成しましょう。 335

1) Tu veux que je t'.................... ? [aider] 君は私に手伝って欲しいの？

2) Je ne pense pas qu'elle .... le temps de me voir. [avoir]
私は彼女に私と会う時間があるとは思わない。

3) Pensez-vous qu'il .... beau demain ? [faire]
明日、晴れると思いますか？

4) J'ai peur qu'ils ne* .... très fatigués. [être]
私は彼らがとても疲れているのではないかと心配だ。

5) Je souhaite que tu .... ton examen. [réussir]
ぼくは君が試験に合格することを願っているよ。

練習2 1) Tu veux que je t'aide ? 2) Je ne pense pas qu'elle ait le temps de me voir. 3) Pensez-vous qu'il fasse beau demain ? 4) J'ai peur qu'ils ne soient très fatigués. ＊ 主節の表現が不安を表すとき「〜ではないか」の意味で用いる虚辞の ne。
5) Je souhaite que tu réussisses ton examen. ＊ finir と同型。

2 接続法過去

使い方は接続法現在と同じです。頭の中で考えていることが完了している事柄のときに接続法過去にします。

助動詞（avoir または être の接続法現在）+ 過去分詞

直説法複合過去、直説法大過去、直説法前未来、条件法過去と同様に、〈助動詞＋過去分詞〉で作ります。助動詞の avoir または être を接続法現在にします。

336

finir（終える）	
que j'**aie** **fini**	que nous **ayons** **fini**
que tu **aies** **fini**	que vous **ayez** **fini**
qu'il **ait** **fini**	qu'ils **aient** **fini**
qu'elle **ait** **fini**	qu'elles **aient** **fini**

337

venir（来る）	
que je **sois** **venu**(*e*)	que nous **soyons** **venu**(*e*)*s*
que tu **sois** **venu**(*e*)	que vous **soyez** **venu**(*e*)(*s*)
qu'il **soit** **venu**	qu'ils **soient** **venu***s*
qu'elle **soit** **venu***e*	qu'elles **soinet** **venu***es*

Je suis heureux *que* mon chat **soit revenu**.

ぼくの猫が戻ってきたのがうれしい。

練習3 日本語に合うように［　　］の動詞を接続法過去にして文を完成しましょう。

338

1）Je suis contente que nous .... un bon moment ensemble. [passer]

私は私たちが一緒に楽しい時を過ごせたのがうれしいです。

2）Je ne crois pas qu'elles .... à la maison. [rentrer]

私は彼女たちが帰宅したとは思いません。

練習３　1）Je suis contente que nous ayons passé un bon moment ensemble.
2）Je ne crois pas qu'elles soient rentrées à la maison.

3 強調構文

339

主語や主語以外の文の要素を強調する構文は次のように作ります。

Je vais en France cet été. 私はこの夏、フランスに行きます。

主語を強調するとき → **C'est + 主語 + qui + 動詞**

C'est moi **qui** vais en France cet été. この夏フランスに行くのは私です。

★人称代名詞の主語を強調するときは強勢形を用います。qui につづく動詞は強調する主語に一致した活用形です。

主語以外の文の要素を強調するとき → **C'est + 主語以外 + que + 主語 + 動詞**

C'est en France **que** je vais cet été. この夏、私が行くのはフランスです。

C'est cet été **que** je vais en France. 私がフランスに行くのはこの夏です。

À vous! グリーティングカード（carte de vœux）を書きましょう。

340

Bon anniversaire ! お誕生日おめでとう

Joyeux * Noël ! メリークリスマス

Je vous souhaite un joyeux Noël et une bonne année !
楽しいクリスマスとよい年をお祈りします。

* carte 女 : カード　vœu 男 : 願い ＊複数形は x をつける
joyeux, joyeuse : めでたい、楽しい

BONNE ANNÉE !

Je souhaite que la nouvelle année* soit pleine* de bonheur* et de santé* pour vous et pour votre famille.

Céline

* une nouvelle année / un nouvel an : 新年　plein(e) de ～ : ～でいっぱいの
bonheur 男 : 幸福　santé 女 : 健康

あけましておめでとう。
新年があなた（たち）とあなた（たち）の家族にとって幸多き、健康に恵まれた年となりますようお祈りします。
セリーヌ

和文索引

◆数字はページを示す。該当箇所が複数のページにわたるときは、10-12のように示した。

欧文索引

著者略歴
中村敦子（なかむら あつこ）
パリ第3大学博士（言語・文化教育学専攻）。津田塾大学ほか非常勤講師。主要著書『フランス文法はじめての練習帳』『15日間フランス文法おさらい帳［改訂版］』（以上、白水社）。

ひとりでも学べるフランス語

2020年3月20日 第1刷発行
2024年9月15日 第4刷発行

著　者© 中　村　敦　子
発行者　岩　堀　雅　己
印刷所　株式会社精興社

発行所　〒101-0052 東京都千代田区神田小川町3の24
電話 03-3291-7811（営業部），7821（編集部）　株式会社白水社
www.hakusuisha.co.jp
乱丁・落丁本は送料小社負担にてお取り替えいたします。

振替　00190-5-33228　Printed in Japan　誠製本株式会社

ISBN978-4-560-08869-2